酒店服务与管理专业基于工作过程系统化系列教材

编委会

总　　编：叶军峰　成振洋

编　　委：邓兰珍　李娉婷　赵小玲　蒋碧涛　林文婷

罗燕萍　谢玉莲　陈衍怀　陆丽娥　童亚莉

董韵捷　黄志伟　朱朦朦　谭文焯　胡嘉欣

企业顾问：

广州首旅建国酒店有限公司	总经理杨卓辉
	（广州酒店行业协会副会长）
广州首旅建国酒店有限公司	人力资源总监徐渊
广州市嘉逸国际酒店有限公司	总经理黄青照
广东大厦	人力资源部经理周敬

Floor
Reception

楼层接待服务

主编　童亚莉

暨南大学出版社
JINAN UNIVERSITY PRESS

中国·广州

图书在版编目（CIP）数据

楼层接待服务/童亚莉主编. —广州：暨南大学出版社，2014.5
（酒店服务与管理专业基于工作过程系统化系列教材）
ISBN 978 - 7 - 5668 - 0959 - 9

Ⅰ.①楼…　Ⅱ.①童…　Ⅲ.①饭店—商业服务—技术培训—教材　Ⅳ.①F719.2

中国版本图书馆 CIP 数据核字（2014）第 054623 号

出版发行：暨南大学出版社

地　　址：	中国广州暨南大学
电　　话：	总编室（8620）85221601
	营销部（8620）85225284　85228291　85228292（邮购）
传　　真：	（8620）85221583（办公室）　　85223774（营销部）
邮　　编：	510630
网　　址：	http：//www.jnupress.com　http：//press.jnu.edu.cn

排　　版：	广州市天河星辰文化发展部照排中心
印　　刷：	广东广州日报传媒股份有限公司印务分公司

开　　本：	787mm×1092mm　1/16
印　　张：	9.5
字　　数：	225 千
版　　次：	2014 年 5 月第 1 版
印　　次：	2014 年 5 月第 1 次

定　　价：	32.00 元

（暨大版图书如有印装质量问题，请与出版社总编室联系调换）

总序

为了培养具备综合职业能力的高技能酒店服务与管理人才，编者以"工学结合"为指导思想，引入国外先进职教理念，深入广州地区酒店行业及企业实地考察、访谈和调研，以酒店岗位从业人员的实际工作任务为主线，依托校企合作，共同对酒店服务与管理人才培养模式、培养目标、职业能力和课程设置进行分析及定位，以典型工作任务为载体，根据典型工作任务和工作过程设计学习情境，按照工作过程的顺序和学生自主学习的要求进行教材内容的编写，创新并开发了酒店服务与管理专业基于工作过程系统化系列教材。本系列教材共12本，分别是：《餐厅服务》、《客房清洁》、《楼层接待服务》、《前厅服务》、《菜肴与酒水推销》、《酒吧服务》、《酒店英语》、《酒店服务心理》、《酒店服务礼仪》、《酒店信息管理》、《餐厅技能训练》、《客房技能训练》。

本系列教材由一批学术水平高、教学经验丰富、课程开发能力强的酒店专业教师与企业骨干共同开发而成。在教材组织编写工作中，我们坚持以下原则：

一是从职业岗位群分析入手，根据酒店对服务人员的要求和相关的国家职业标准，科学确定教材内容，使教材具有贴近酒店一线从业人员岗位实际工作要求的鲜明特色。

二是根据中等职业技术院校酒店服务与管理专业的教学特点，合理编排教材内容，并以工作情境为切入点，采用任务驱动的编写思路，使教材具有适应教学和易于学习的鲜明特色。

三是注重将酒店企业的新理念、新方法及综合职业能力要求编入教材，使教材具有与行业发展同步的鲜明特色，不仅适用于酒店服务与管理专业的教学，也适用于酒店行业、企业员工的职业培训。

上述教材的编写得到了广州首旅建国酒店有限公司、广州市嘉逸国际酒店有限公司、广东大厦等校企合作企业的大力支持，教材的编审人员做了大量的工作，在此表示衷心的感谢。同时，恳切希望广大读者对教材提出宝贵的意见和建议，以便修订时加以完善。

编委会
2014 年 3 月

前言

　　《楼层接待服务》是酒店服务与管理专业一体化课程教材。本教材以国家职业标准为依据，以综合职业能力培养为目标，根据精心提炼的典型工作任务设置不同学习情境。其特点是一改传统的理论、实操分离的教学模式，以楼层接待服务过程中的典型工作任务为载体，以学习者为中心，让学生在"学中做、做中学"。

　　本教材由"广交会"参展商的楼层接待、"新婚包房"客人的楼层接待和广州友好城市伯明翰访问团的楼层接待三个学习情境组成，让学生在完成精细化楼层接待服务的同时，也能为不同客人提供个性化服务。本教材融"教、学、做"为一体，教学模式新颖，内容丰富，既适用于酒店服务与管理相关专业的教学，也适用于酒店行业、企业员工的专业培训。

　　《楼层接待服务》由广州市轻工高级技工学校旅游服务产业系承担组织编写工作，由童亚莉担任主编，岁燕萍担任主审。

　　由于编者水平有限，编写时间仓促，不足之处在所难免，恳请广大读者提出宝贵意见和建议，以便日后修订完善。

编　者

2014 年 3 月

Contents

目录

总　序　　　　　　　　　　　　　　　　　　　　　　　　　　　1

前　言　　　　　　　　　　　　　　　　　　　　　　　　　　　1

学习情境一　"广交会"参展商的楼层接待　　　　　　　　　　1
　　学习目标　　　　　　　　　　　　　　　　　　　　　　　2
　　学习情境描述　　　　　　　　　　　　　　　　　　　　　2
　　学习情境分析　　　　　　　　　　　　　　　　　　　　　2
　　知识链接　　　　　　　　　　　　　　　　　　　　　　　2
　　任务准备　　　　　　　　　　　　　　　　　　　　　　　47
　　任务实施　　　　　　　　　　　　　　　　　　　　　　　48
　　评价反馈　　　　　　　　　　　　　　　　　　　　　　　50

学习情境二　"新婚包房"客人的楼层接待　　　　　　　　　　52
　　学习目标　　　　　　　　　　　　　　　　　　　　　　　53
　　学习情境描述　　　　　　　　　　　　　　　　　　　　　53
　　学习情境分析　　　　　　　　　　　　　　　　　　　　　53
　　知识链接　　　　　　　　　　　　　　　　　　　　　　　54
　　任务准备　　　　　　　　　　　　　　　　　　　　　　　88
　　任务实施　　　　　　　　　　　　　　　　　　　　　　　90
　　评价反馈　　　　　　　　　　　　　　　　　　　　　　　91

学习情境三　广州友好城市伯明翰访问团的楼层接待　　　　　93
　　学习目标　　　　　　　　　　　　　　　　　　　　　　　94
　　学习情境描述　　　　　　　　　　　　　　　　　　　　　94
　　学习情境分析　　　　　　　　　　　　　　　　　　　　　94
　　知识链接　　　　　　　　　　　　　　　　　　　　　　　95
　　任务准备　　　　　　　　　　　　　　　　　　　　　　　137
　　任务实施　　　　　　　　　　　　　　　　　　　　　　　138
　　评价反馈　　　　　　　　　　　　　　　　　　　　　　　140

参考文献　　　　　　　　　　　　　　　　　　　　　　　　　142

●学习目标

1. 分析散客、商务客人的服务需求；
2. 按楼层接待服务工作的接待规程，为"广交会"参展商提供精细化的楼层接待服务；
3. 根据客人的不同需求，提供个性化的楼层接待服务；
4. 正确对待客人的意见和投诉，并提出合理建议。

学习情境描述

第110届"广交会"如期在广州举行，来自众多国家和地区及国内各省市的参展商云集广州。轻工大酒店地理位置优越：既滨临美丽的珠江，又靠近地铁口，成为众多参展商住宿的首选。客房部要求客房服务员按服务规程为客人提供细致、周到的服务，对客人各种合理的需求也要尽量给予满足。

学习情境分析

在这个学习情境中，客房服务员要对商务客人的特点进行分析，并根据客人的特点考虑其服务需求。可以从以下几方面考虑：

- ◆客房的对客服务模式。
- ◆商务客人的特点、服务需求。
- ◆对客服务：迎客服务、茶水服务、访客服务、洗衣服务、擦鞋服务、代办服务等。
- ◆突发状况。
- ◆客人的意见和投诉。

知识链接

知识要点一　　对客服务模式

酒店客房服务模式是酒店客房的宏观运营方式。由于各种类型的酒店设施、设备不尽相同，因此，客房服务模式也有所差异。早期的酒店管理专家认为，楼层服务台和客房服务中心是最为常见的客房服务模式。但随着酒店类型的增加，酒店个性化的不断加强，新的客房服务模式应运而生。目前，我国酒店客房所采用的对客服务模式主要有以下几种：

一、楼层服务台模式

楼层服务台是指酒店在客房区域各楼层设立的服务台，又称楼面服务台。它是我国客房传统的对客服务模式，但随着旅游业的发展，旅游酒店与国际标准接轨，越来越多的酒店淘汰了这种对客服务模式。

1. 基本含义

酒店在各楼层客房区域内、靠近电梯口或楼梯口的位置设置的，为住客提供服务的服务台即楼层服务台。楼层服务台一天24小时都有服务员值班，为住客提供服务。从某种意义上来说，它相当于酒店前厅驻楼面的办事机构。从整个酒店的宏观管理上来看，楼层服务台成为了酒店其他部门与客房之间相互沟通的桥梁。

楼层服务台

2. 主要职能

无论是何种类型的酒店，楼层服务台基本上都会有如下基本职能：

（1）服务中心：

楼层服务台是为本楼层的客人提供服务的基地，其主要的服务内容包括：

①迎送客人。

楼层服务台负责迎接每一位入住本楼层的新客人，向他们介绍客房的设施、设备及酒店的服务项目；负责欢送本楼层的每一位离开酒店的客人，并协助客人提拿行李。

②提供各项接待服务。

应客人的要求，为客人提供各项接待服务，如茶水服务、回答客人的问题、访客服务等。

③处理客人各项委托代办事项的服务。

受理和认真处理客人住店期间的各项委托代办事项，如洗衣服务、叫醒服务、客房送餐服务、物品代修服务等。

（2）联络中心：

楼层服务台是客房部与其他部门的联络中心，它经常与酒店的其他部门产生联系。

①与总台的联络。

一般情况下，客人办理入住与离店手续，楼层服务台与总服务台之间应互通情况；楼层服务台与总服务台之间每天至少要保证进行三次房态核对，以保证客房的正常出租；此外，客人住宿要求、住宿人数等的变动以及行李的进出、会客等情况，楼层服务台均需要与总台及时取得联系。

②与工程部的联络。

当客房设施发生损坏或出现故障时，楼层服务台负责向工程部报修，使出现故障的房间尽快恢复正常。

③与洗衣房的联络。

送洗衣房洗涤的客房布草和客人的衣服，都必须在洗衣房与楼层服务台之间做好交接记录。

④与餐饮部的联络。

客人需要在客房用餐时，有时会直接向楼层服务台提出。此时，楼层服务台应及时通知餐饮部，协助做好客房送餐工作。

（3）安全中心：

楼层服务台是本楼层的安全管理机构，楼层服务台安排服务人员 24 小时值班，可以大大减少酒店安全事故的发生。楼层设立服务台可妥善保管客房钥匙；便于客房服务员随时掌握客人的动态，记住客人的姓名、特征和房号；密切注意楼层动静；做好访客的接待和登记工作；及时发现走廊可疑人员和火灾隐患等。

3. 优缺点

楼层服务台有服务员值班，这大大加强了客房部与住店客人之间的交流，能够为客人提供面对面的针对性服务；同时，楼层服务台的设置有利于酒店楼层安全保卫工作的开展；此外，楼层服务台的设置也有利于酒店客房部及时准确地了解酒店客房的房态及运营情况，为前厅管理工作提供及时准确的信息参照。

但是，楼层服务台模式慢慢被现代高星级酒店所淘汰，究其原因主要是楼层服务台存在诸多缺陷：楼层服务台三班倒，投入的人力较大；每层都有服务台，会导致管理点分散，不利于酒店客房的统一管理；楼层服务台一般设置在楼层走廊较为显眼的位置，这会使客人感到不自在，客人的隐私得不到有效保障。此外，我们常常看到，由于无人监管（一般的酒店没有监控设备来监控楼层服务台），楼层服务台的服务员行为过于散漫，会做一些与工作无关的事情，如看报纸、玩手机等，如果被客人看到，就会严重影响酒店的声誉。西方客人不习惯楼层服务台的对客服务模式，他们会感觉自己的行动受到了监视，认为这是对客人隐私权的侵犯。

二、客房服务中心

客房服务中心

客房服务中心是从国外引进的一种对客服务模式，配备专职联络员，负责客房对客服务工作的联络协调。客人需要服务时，使用客房内的内线电话通知客房服务中心；联络员进行详细记录，并迅速将客人的需求通知有关楼层的服务员；服务员则根据有关要求和标准完成对客服务工作。客房服务中心大多是24小时对客服务，如果夜间客房楼层没有服务台，可以设专职夜班服务员，负责夜间的对客服务工作。

1. 基本含义

客房服务中心是现代酒店客房管理的主导模式，是酒店客房管理的神经中枢。它一般设置在酒店员工更衣室与员工电梯之间的隐蔽处，主要通过电话的形式为酒店的住客提供周到的服务。一般情况下，客房服务中心应该具有同时接听两个以上电话的能力，大型酒店可以采用小型交换机来保证信息运量。在客房员工管理方面，一般酒店都会建立一个BP机寻呼系统，以保证客房部员工信息沟通顺畅。

2. 主要职能

客房服务中心的主要职能是对酒店客房进行统一化、综合化和全面化的管理。一般情况下，凡是与酒店客房部有关的工作信息，都会在第一时间传达到客房服务中心，然后经客房服务中心的工作人员作初步处理后再具体传达给其他工作人员。客房服务中心的设置，使其成为和酒店其他后台部门类似的封闭式管理部门（即不直接面对住客），这对工作人员的素质有了更高的要求。

（1）信息处理：

初步处理有关客房部工作的信息，保证有关问题能及时得以解决或分拣、传递。

（2）对客服务：

客房服务中心统一收取客人所需的服务信息，并通过电话机、BP机等现代化工具，向客房服务员发出服务指令。即使客房服务中心不能直接为客人提供有关服务，也可以通过其他手段满足顾客需求。

（3）员工出勤控制：

所有客房部员工上、下班都必须到客房服务中心签到、签退，这既方便了考核和工作安排，又有利于加强员工的团队意识。

（4）钥匙管理：

客房服务中心统一签发、签收和保管客房部用于清洁整理客房的工作钥匙。

（5）失物处理：

客房服务中心统一负责客房部的失物保管与认领工作。

（6）档案保管：

客房服务中心保存着客房部所有的档案资料，并做及时补充和更新整理，这有利于客房部保持有关档案资料的完整性和连续性。

（7）投诉处理：

客房服务中心负责接受客人的投诉，并及时进行处理和汇报。

（8）保持与其他部门的联络：

客房服务中心是客房部与其他部门的联络中心，负责与业务相关部门如前厅部、餐饮部、工程部的业务联络。

3. 优缺点

客房服务中心的模式大大减少了人员的编制，节省了人力，降低了成本开支；保证了客房楼层区域内的安静，为客人提供了一个较为安宁和私密的空间；有助于对客房服务人员的调度与控制；保证了客房管理信息的畅通，有助于增强对客房整体运作效果的把握。

但客房服务中心并非没有缺陷，其缺陷主要表现在对设施、设备和人力资源的要求方面。首先，在设施、设备方面，由于客房服务中心仅在酒店某个楼层开设，同时又要求其运作力较强，因此对客房服务中心的硬件设施提出了较高的要求。客房服务中心一般需要设置 BP 机呼叫系统、电话系统，还需要在各楼层安装监控设备，以保证酒店楼道的安全，这样一次性投入的成本比较大。同时，即使这些设备安装后，客房对内对外管理方面都还是会存在一些不安全的因素，会影响住客的安全感。其次，在人力资源的要求方面，客房服务中心的管理模式需要训练有素的员工队伍来支持，一旦配合得不好，会影响整体功能的发挥。客房服务中心不提供面对面的对客服务，服务不具有直接性，缺乏人情味，致使客人对客房服务员的信赖度下降。总之，这种模式对于客人一些急需性的服务无法及时提供；对于楼层的一些安全隐患无法及时发现和处理，在某种程度上会影响住客的安全感；遇到客人的服务要求较多时，让客人不停地拨打服务中心的电话，客人必定会产生厌烦的情绪。

三、既设楼层服务台又设客房服务中心

有的酒店在条件许可的情况下，为了保证给客人提供优质的服务，采用既设楼层服务台又设客房服务中心的对客服务模式。这种模式兼取前两种模式的优点，克服前两种模式

的部分缺点。具体做法如下：

（1）在客人活动的高峰时间安排专职的楼层值台员负责对客服务。客人外出或夜间休息时，可以不安排专职楼层值台员。

（2）在部分楼层设立服务台，安排专职值台员负责对客服务工作。这些楼层主要用于接待国内宾客或需要特别关照的客人，其他楼层的对客服务工作由客房服务中心统一调控。

这种对客服务模式往往导致人力资本的大量增加，却并未起到较好的管理效果。很多设有客房服务中心的酒店，其楼层服务台总没有服务员值班，形同虚设，反而还占用了酒店的投资成本。此种模式在客流量大、客情复杂的"广交会"期间运用得较多。

四、设立行政楼层

行政楼层集前台、客房、商务、餐饮等服务于一体，又称"酒店中的酒店"。它以豪华的装修、完善的设备和细致周到的服务赢得了国内外宾客的青睐，有着良好的发展前景。许多酒店将客房的某一楼层或若干楼层集中开设为行政楼层，24小时为商务客人提供服务。

行政楼层豪华极致，服务极致，服务设施全。一般都有多功能服务中心，服务系统相对独立，为客人提供委托代办等多项服务；同时，还有早餐、报纸、健身等众多免费服务。行政楼层的独特之处体现在以下几方面：

（1）礼遇特别。如白天鹅宾馆免费派"奔驰"轿车接送商务客人。

（2）超值体贴。如广州大酒店于1992年在全国率先提供了独具特色的私人管家服务。

（3）位置集中。商务客房一般楼层集中、房间集中，以便于安装商务设备，提供统一服务。

行政楼层

行政楼层休息区

五、前台直管模式

1. 基本含义

目前，我国城市酒店有一个重要趋势，即以往那种旧式的招待所、家庭旅馆、旅社等小型社会宾馆开始逐渐向特色商务酒店方向发展。这种家庭式的商务酒店一般不大，客房数量在 60 间左右，价格在 200 元左右，是继星级酒店、经济型酒店之后的又一新方向。这一类型的酒店房间设施遵循经济型酒店的做法，但更突出商务性。这种类型的商务酒店由于客房数量较少，采取的客房服务模式往往是前台直管模式，即沿袭旧式的招待所、旅馆的做法，将客房直接划归前台管理，不设楼层服务台，也不设置客房服务中心，而是在前台班组中设客房服务和清扫小组来对客房进行管理。此种对客服务模式是基于现代酒店发展的类型增多而出现的一种新的客房服务模式。

2. 主要职能

前台直管模式的主要职能与其他对客服务模式在职能方面差异不大，主要也是对客房进行基本的管理，为客人提供日常周到的服务。其主要职能包括钥匙分发、安排客房清扫、保障客房安全、物品管理与分发、信息统计等。

3. 优缺点

前台直管模式的最大优点是节省了人力成本，将客房纳入前台管理系统之内，保证了前台管理与客房管理的统一性，避免了重复开房等问题的发生。但是，应该慎用前台直管模式，因为缺陷比较明显，即在对客服务方面不能够做到面对面和及时性，同时也存在较大的安全隐患，若住客在客房区域发生问题，前台不能够及时发现。

🕮 阅读材料

客房服务创新

我一直有一些奇怪的问题：五星级酒店的客房到底有没有服务？如果有，是什么？是拿电话叫个送餐之类的吗？如果没有，那又是为什么？客人选择住 A 酒店或 B 酒店，是因为房间大一些，床上用品舒适一些，还是价格便宜一些？如果都差不多的话，差异性何在？不要忘了，这些东西基本上是硬件，没有多少是软件。

传统的观念告诉我们，客房最重要的是私密性。我们尽量不要去打扰客人，客人有需要便会打电话告诉我们的。真的是这样吗？

目前大多数五星级酒店的客房服务过于强调私密性和无干扰服务，导致客人在住店期间很少看见服务人员，只能通过电话与客房服务中心联系。其结果是服务的效率得不到保障，人性化的服务更难以体现，难以满足现代商务人士越来越追求高效率、高标准服务的需求。虽然一些酒店设立了行政楼层，为客人提供贴身管家服务，但仅仅是针对高端的常住客，就像我们在电视剧《五星大饭店》里看到的一样。大部分客人还是无法享受到面对面的服务。

为什么我们不能把餐饮服务的理念引入客房服务中呢？迎来送往的热情、热气腾腾的欢迎茶、关切的问候，这些在餐厅里最平常不过的服务在客房楼层却极为罕见。人都是渴望沟通的，特别是面对面的沟通，而目前大部分酒店与入住客人的沟通还是一个空白点。

有少数酒店在客房部设立专门的私人管家部，在全酒店范围内精心挑选一些形象气质佳、对客服务经验丰富的员工担任私人管家，向所有入住客人提供贵宾服务。据酒店客人反馈，该项服务不但让人感到耳目一新，而且拉近了酒店与客人的距离，与客人的沟通也更顺畅。私人管家能在第一时间收集客人的信息和需求，服务更加迅速，初步实现了服务的个性化和人性化。

"贴身"只是拉近与客人的距离，是表面上的形式；"贴心"才是服务的根本。这是一种创新的酒店客房服务模式，也是对传统意义的客房楼层服务理念的颠覆。

客房服务中心电话记录分析

客房服务中心是客房信息传递中枢。每天来自客人、酒店内部的电话记录很多，通过分析这些记录，我们可以得知客人的潜在需求信息和工作的不足。

许多客人反映不会用房间的设施、设备，例如电视打不开、不知如何上网、房间无电话等。认真分析可找到其中的原因，一方面是客人很少入住酒店，对部分设施接触较少；另一方面是客房的设备、设施操作过于复杂。因此，酒店应尽量提供简单明了的使用指示或简化设备的操作程序；也可以在客人一进房间就为其进行详细的说明，以方便客人使用。

在电话记录中，有许多客人借用物品，如吹风机、插线板、转换器等，或是反映找不到拖鞋、鞋擦等。这其中有些小物品客房部有储备，但是如果客人入住率高，或更换不及时，或摆放位置不醒目，常会造成"没有"的错觉。所以，在房间安装或改装一些常用物件，查房时注意低值品的耗用情况，重新考虑客房物品的摆放位置，非常有必要。比如，自楼层房间配备电热水壶后，客人要求送水的电话几乎没有了。这一方面及时满足了客人需求，另一方面也减少了员工的工作量，从而可节省时间和精力，搞好其他服务。

分析电话记录发现，经常有其他部门询问一些关于客房设施和基本服务的电话，其中不乏前厅部员工，这表明员工对酒店产品不熟悉的程度令人吃惊，说明培训工作有待加强。同时，分析电话记录也可发现，一些重要信息在传递过程中出现了遗漏或偏差。前台员工知道的东西，客房部却无人知晓；客房部推出的新服务举措，前台员工一知半解，等等。这些都在电话记录中有直接或间接的反映。通过这些分析，说明酒店的信息管理工作的确任重而道远。

怎样才能准确、迅速地把握宾客需求？认真详细地分析电话记录便是有效措施之一。

你的声音听上去太硬

今年五月，因为身体的原因，小高从楼层服务台调到了客房服务中心工作。初到客房服务中心时，小高认为自己在楼层服务台工作了五六年，而客房服务中心也是客房部的一部分，应该没什么问题。谁知，没多久主管就找小高谈话了，非常委婉地对她说："客房服务中心虽然只有简单的三部电话，但却像窗口一样反映了整个客房部的精神面貌，声音的把握和调节非常重要。你的声音听上去太硬、太直了，回去调整一下，好吗？"

初听主管的话，小高心里还挺疑惑，觉得不可能吧！因为自我感觉蛮好的。回到家以后，小高用手机把自己的声音录下来听了一下。天哪，竟有一些"大老爷们儿"的感觉。知道自己的问题后，小高就在业余时间利用手机不停地练习与调整，慢慢地从中总结出了一些心得：

（1）如果音调过高，会给人不成熟及情绪冲动的印象；

（2）声音太弱，会给人不肯定的感觉；

（3）语速过快，会减低人们的重视程度；

（4）发出呼吸声，会让人有不稳重的感觉；

（5）粗声粗气，会给人粗俗之感；

（6）语调末尾上升会给人信心不足和恳求他人的感觉；

（7）声音颤动（有时因呼吸不规律而造成）会让人误认为你紧张或害羞。

要想克服以上的问题，就要注意：

（1）音调适中，不可过高或过低；

（2）声音浑厚，不要很轻弱；

（3）说话清晰，要毫不含糊；

（4）要有节奏感，不单调。

当把这些心得运用到工作中以后，小高再去询问主管的意见时，从主管的微笑中已知道了答案。

知识要点二　　宾客类型及服务方法

酒店的客人来自全国甚至世界各地。不同的身份地位、文化修养、兴趣爱好、生活习惯、风俗习惯、社会背景、宗教信仰等，使得他们对酒店的服务要求各不相同。为了更好地向客人提供针对性的服务，酒店客房服务员应在详细了解各类客人的生活特点及对服务的特殊需求的基础上，研究相应的服务方法。

一、散客

散客的构成比较复杂，其中主要包括因公出差、观光旅游、探亲访友及参加各种会议的人员等，也分内宾和外宾。散客的个性化差异很大，消费水平相对较高。他们最大的特点是逗留时间短，随身携带的行李比较简单，进出酒店频繁且无规律。

散客一般对房间设备、设施的档次不是很在意，但要求服务质量较高、服务速度较快，对服务人员的工作效率极为敏感。

下面按宾客身份和目的的不同，介绍三种散客的特点和服务方法。

1. 观光旅游型客人

（1）观光旅游型客人的特点：

◆以游览为主要目的，对自然风光、名胜古迹、当地特色最感兴趣。

◆喜欢购买旅游纪念品。

◆喜欢拍照。

◆因身份和旅游目的不同，对客房类型和档次的要求有所不同。

◆委托服务较多。

（2）观光旅游型客人的服务方法：

◆为满足这类客人游览的目的，应主动向他们介绍本地区、本城市的自然风光、名胜古迹以满足其游览的需求。

◆为满足其寻找美食的需求，应主动向他们介绍风味餐馆、特色小吃等。

◆为满足其购买的需求，应主动向他们介绍本地区、本城市及酒店商品中的工艺美术品、土特产品和旅游纪念品等。

◆接受客人的委托服务要主动热情、保证质量、及时周到。

◆应根据其进出店时间，做好早晚服务工作。

2．商务散客

（1）商务散客的特点：

◆对酒店的设施、设备要求很高，如完备的商务中心、先进的通信设备。

◆喜欢高档的单间客房，同时希望房间的布置个性化。

◆消费水平较高，希望酒店能提供快速、高效、个性化的服务。

◆公务在身，常常早出晚归。

◆房内的文件较多，且要求严格保密。

◆访客多。

◆工作时要求安静。

◆注意仪容仪表，对生活质量要求较高，有洗熨衣物、美容美发的服务要求。

◆喜欢在房内用餐。

◆对娱乐、健身很感兴趣。

◆女性商务客人最注重房间的卫生和安全，希望房号保密。

◆晚上需要娱乐活动，常利用公务之余到处游览参观，委托服务较多。

◆喜欢住熟悉的酒店和曾住过的房间。

（2）商务散客的服务方法：

◆要尽量为其提供专用的商务客房。

◆尽量向他们推销高档客房。

◆要为他们提供优质的洗衣服务和美容美发服务，洗熨衣服、擦鞋等服务速度要快。

◆女士商务客房内要配备全身试衣镜，有足够的衣架。

◆在卫生间安装晾衣绳，摆放清洁剂。

◆写字台的台灯最好为60W。

◆做卫生时，服务员不要随意翻动他们放在房内的文件。

◆访客进房应事先征得其同意。

◆不要把他们与敌对国家或商业竞争对手安排在同一层楼。

◆茶水供应要及时。

◆不要轻易进房打扰他们。

◆有舞会或其他夜间娱乐活动不要忘记告诉他们。

3．新闻记者

（1）新闻记者的特点：

◆生活节奏比较快。

◆对服务比较挑剔、敏感。

◆把房间既当卧室又当办公室,房内各种稿件、复印件不仅多而且摆放杂乱。

(2)新闻记者的服务方法:

◆服务要讲究效率。

◆整理房间时不要翻动他们的稿件、文件等。

◆应给他们提供通讯设施完备、办公用品齐全的房间。

◆为他们准时提供当天的报纸。

二、按客源地划分宾客类型

1. 外国客人

(1)外国客人的特点:

◆多有晚睡晚起的习惯,比较随意。

◆对客房卫生及设施非常敏感,一些年长的女宾尤为突出。

◆消费水平高,服务要求也较多,如洗衣服务、擦鞋服务、房内送餐服务等;房内小酒吧消耗量较大,美国客人还特别喜欢喝冰水。

◆习惯电话服务,希望服务要求能尽快得到满足。

◆重视个人隐私,不希望看到有楼层服务台(有受人监视的感觉)。

◆希望保持楼层绝对安静。

(2)外国客人的服务方法:

◆在服务过程中,应特别注意尊重客人的隐私。

◆注意服务时的各种礼貌用语。

◆在服务过程中,要注意做到"三轻"(走路轻、说话轻、动作轻)。

◆注意服务的效率。

◆客房部还应注意为客人供应冰水(外宾楼层可设置制冰机)。

2. 港、澳、台宾客

(1)港、澳、台宾客的特点:

◆对祖国的传统文化非常重视,依然保留着传统礼节、礼仪和风俗习惯;在社交场合行握手礼;饮食习惯与祖国大陆基本相同,喜欢吃家乡饭菜、各地的高档名点和名菜,爱喝中国传统名酒。

◆港、澳、台宾客,尤其是一些老年人,忌讳说不吉利的话,对数字有喜"8"厌"4"和"13"的习惯。

◆港、澳、台宾客旅游目的多样化,如观光旅游、探亲访友、寻根求源、祭拜古人等。

◆港、澳、台旅游团外出行动非常统一,进出店时间很有规律;他们很重视在各种场合穿着的服装、配饰,故送洗衣物较多;店外活动较多,旅游项目也多,店内逗留时间较短。

◆港、澳、台散客构成比较复杂，包括观光旅游、探亲访友及参加各种商务谈判等各类人员。他们进出店的时间不规律，随身携带的行李极为简单。

◆不论旅游团还是散客，对酒店内各项服务的要求均较为严格，对服务工作的效率要求甚高，很注重礼仪，时间观念很强。

（2）港、澳、台宾客的服务方法：

◆服务过程中，应尊重他们的风俗习惯。

◆为他们提供的各项服务要及时、准确、高效。

◆会客服务的需求比较多，应做好相应的服务工作。

◆多给他们介绍当地的高档名点、名菜、名酒。

◆对客服务中应注意使用礼貌用语。

◆尽可能地给他们提供寻根求源的信息。

3．内地客人

内地客人因公出差者占大多数（含政府官员和企业高级管理人员、营销人员），此外，还有旅游团队客人。

（1）内地客人的特点：

◆大部分内地客人对楼层服务台的依赖性较强，不善于使用房内的服务指南和通过电话要求酒店提供服务，希望有楼层值台服务员，并希望服务员随叫随到。

◆因公出差的内地客人常需要会客服务。

◆内地客人一般有午睡习惯。

（2）内地客人的服务方法：

◆对于内地客人住宿的房间，要注意多观察，随时准备为客人提供服务。

◆客人午睡时间，不要进房打扰客人，而且要做好午睡后的客房小整理工作。

◆做好会客服务的接待工作。

三、长住客人

一般来说居住时间超过一个月的客人都称之为长住客人。他们大多为一些国内外商社客户。这些公司在酒店长期包租一些客房作为办事机构，派有常驻人员。

（1）长住客人的特点：

◆客房是他们的住宿场所，也是他们接待客人、办公、商务洽谈的场所。

◆长住客人期望得到清洁、舒适、安静、安全以及热情周到的服务，能让他们有"家"的感觉。

◆有的长住客人会提出特别的设施摆设和安装要求。

（2）长住客人的服务方法：

◆细心观察客人的生活习惯，熟知他们的房间、姓名、性格、爱好等。

◆做好来访客人的接待工作。

◆在服务细节上多下功夫，如节日送鲜花、水果，生日送蛋糕等。

◆服务人员要相对稳定，以便客人熟悉，产生亲切感。

◆努力为他们创造良好的工作和生活环境。

◆经常向他们征询意见，从中发现问题，并及时解决。

四、外国专家

外国专家一般受国内学术机构邀请来华作学术报告或从事其他的科研工作，有的则与国内厂家、企业有合作项目而长期住在酒店。

（1）外国专家的特点：

◆多属高级知识分子，与上层人士接触较多，对礼仪要求严格，讲究身份地位，对住房的要求较高。

◆工作废寝忘食。

◆书籍多，房间桌面较凌乱。

◆对图书馆及有关的科研机构和科技报刊感兴趣。

◆平时话不多，但风趣幽默。

◆一般住店时间较长。

（2）外国专家的服务方法：

◆尽量给他们安排高级、僻静的客房，最好带有会客室。

◆有客人来访要事先通知，做好茶水、毛巾供应服务。

◆平时不要打扰他们，尽量保持安静，用餐时要注意提醒他们。

◆整理房间时未经客人同意不要随便翻动客人的书籍。

◆主动告诉他们图书馆、外文书店或新华书店的位置和路线，对于科技杂志和寄来的图书资料要及时送入客房。

◆他们有外出活动时应注意做好叫醒服务。

五、按宾客的性情划分宾客类型

1．急躁型宾客

（1）日常主要表现：

急躁型的宾客讲话速度较快，感情外露，在言谈中表现自信，喜欢讲"我认为……"，平时讲话直率，不顾场合，如果碰到不顺心的事非要讲出来才痛快。这种类型的宾客由于情感外露，碰到问题容易发火，一旦被激怒，就不易平静下来。

他们喜欢与人争论问题，而且争强好胜。他们在宴席上爱充好汉，认为自己酒量第一。他们精力充沛，活动积极，动作剧烈有力量。他们在游览中常被导游的生动讲解及有趣的故事深深地吸引，并不由自主地发出赞叹的声音；有时又会不加思考地提出一些问题去打断别人的讲话。在排队、等车、等飞机或在餐厅结账、办手续时，他们往往比别人表现得心急，显得没耐心；在商场购物时他们属于冲动型的顾客，买东西时很少仔细挑选。急躁型的宾客常常显得很粗心，经常遗忘或丢失东西，如手提包、照相机、钱包、戒指、手表、钥匙等物品。

（2）接待中应注意的问题：

在接待服务中，应当注意急躁型宾客的特点，尽量不要激怒他们，如果出现矛盾要避其锋芒。为他们办事要做到迅速无误，在他们即将离开酒店时，选择恰当的时候提醒他们不要遗留物品。

2. 活泼型宾客

（1）日常主要表现：

活泼型的宾客好动、反应快、理解能力强，显得聪明伶俐，动作敏捷、灵活，喜欢参加刺激性强、花样多、变化大的活动。这类宾客对各种新闻均感兴趣，对人热情大方，喜欢与人交往，常主动与服务员攀谈。他们很容易与人交上朋友，但这种友谊常常多变而不深厚。他们对某件事或某个人的讨厌或喜欢均流露在面部，旁人一看就能知道。他们情感多变，平时显得非常乐观，经常沉浸在愉快的心境之中。他们也容易感动，看到使人感动的场面或令人伤感的事，有时就会情不自禁地泪流满面。

（2）接待中应注意的问题：

为这类宾客提供服务时应当注意，在可能的情况下，要同他们多交往，满足他们爱交际、爱讲话的喜好，要注意内外有别、言语有度。

3. 稳重型宾客

（1）日常主要表现：

稳重型的宾客平时表现安静，喜欢清净的环境。他们很少与人主动交谈或大声说话，不易受感动；他们常使人觉得不易打交道，难以接近；他们生活有规律，很少改变；他们听别人讲话时，总希望别人讲慢一点或多重复几次；他们讲话慢条斯理，显得深思熟虑；他们对新的环境很难适应，适应后又非常留恋，并常有怀旧的情绪；他们的注意力稳定，不易转移，到餐厅吃饭也喜欢吃熟悉的食品，对新的菜式很少感兴趣。

（2）接待中应注意的问题：

为稳重型宾客提供服务时，要针对他们的特点，少与其交谈，少打扰他们。在给他们安排住房时尽量选一些较为僻静的房间，不要安排靠近电梯和附近有很多年轻人或有小孩的房间，以满足他们爱清静的需求。当他们主动提出继续住某一楼层时，要满足他们的要求。为他们服务要有礼貌，讲话速度不要太快，重要地方要重复一下，但声音不要太大。另外，答应这类客人的事一定要办好，切不可马虎。

4. 忧郁型宾客

（1）日常主要表现：

忧郁型的宾客情感很少向外流露，心里有事情一般不愿对别人讲。其表现孤僻、不合群。他们很少去热闹场所，喜欢安静，坐在某处常常很长时间不变换姿势。他们沉默寡言，不习惯在公共场合讲话。他们情感体验深刻，想象力丰富，自尊心强，对人、对事很敏感，好猜疑，见别人在交谈时无意中看他一眼或指他一下，就会认为别人在议论他。他们的心境会因为很小的事情而改变，很多时候郁郁寡欢，在碰到失败或挫折时内心感到非常痛苦。他们如果丢失了东西或身体有病或与别人发生矛盾时，会长时间不能平静，碰到兴奋的事情或伤心的事情会经常失眠。

（2）接待中应注意的问题：

为忧郁型宾客提供服务时，应当十分尊重他们，与他们讲话要清楚明了，切勿引起误会。尽量在他们面前少讲话，绝对不能与他们开玩笑，以免引起猜疑。当他们遗失物品、生病或出现其他意外时，应当特别关心，帮助他们，想办法安慰他们，使他们感到温暖。在临时调整他们的房间时，一定要讲清楚原因，以免引起他们的猜疑和不满。为他们安排住房时，适宜安排单间或清静的房间。在听他们吩咐事情时，一定不能露出半点不耐烦的神情，要耐心地听完。

阅读材料

商务客人

商务客人，顾名思义就是以商务活动为目的的旅游者。他们是酒店业极为重要的客源群体，更是各高档酒店千方百计争取的对象。从需求看，他们有以下几个特点：

一、消费水平高

商务客人出差，住酒店都是公司出钱，其他餐饮等费用也大都由公司制订标准或包干使用，因此无囊中羞涩之虞，往往出手比较大方。对比一般旅游者从吃、住、行都要自己负担，精打细算是不一样的。

二、酒店地理位置重要

商务客人的主要目的是商务活动。因此，要求所住酒店离他活动的地点比较近，交通比较方便。

三、对服务比较挑剔

商务客人有时要在酒店办公或会见、招待客户，因此对酒店方面的服务要求高——要求相对独立，不愿被打扰。商务客人往往工作压力较大，外出奔波后感到十分疲惫，因此需要比较安静的环境。许多高星级酒店都设立了行政楼层和专门的酒廊，供客人休息、会客和用早餐等。

根据客人的这些特点和需求，我们就可以针对性地做好营销和接待工作。主要有以下几点：

一、关注政经动态

商务客人的活动是与国际、国内的各方面形势密切相关的。政局的动向、经济的起伏、社会的稳定乃至油价的涨跌，都会对商务客人的出行产生影响。

二、与公司订房人保持良好关系

大多数的商务客人都是由本公司或委托的旅行商代为订房，因此，酒店的销售人员必须与他们保持良好的关系。

三、提供全方位的细致服务，使客人有"温馨的家"的感觉

这也是成败的关键。从接送机服务、高效入住、离店手续到服务员的礼貌问候、饭菜的可口与否，都会让客人在心中打分，高则留，低则去。

四、注意运用高科技手段

许多商务客人知识层次较高，都是高科技的追随者，如可上网的手机、笔记本电脑、网上冲浪等。因此，酒店要注意高科技手段的应用，如及时更新网站内容、开通网上订房业务、配置现代的办公设备等，以满足客人多方面的需求。

知识要点三　　心理学在客房服务中的应用

酒店所出售的产品是有形的设施和无形的服务，酒店要发展前提是如何使提供的产品能够最大化地满足客人的心理需求。客人进入客房，他（她）渴望感受到这里有"家"的舒适、温馨、方便，有"家"的安全，同时更有超越"家"的设施和感情。所以就客房服务而言，我们首先必须分析客人的住宿心理需求。在现有酒店设施、服务产品达到标准化、规范化的基础上为客人提供个性化服务，使客人真正能够得到精神和身体上的舒适享受。

一、宾客对客房服务的心理要求

1. 求干净的心理

客人刚进入客房，首先感受到的是房间的卫生状况，如床单、枕套上是否有毛发，房间地毯是否有污渍，杯具、卫生间"三大件"（面盆、坐便器、淋浴间）是否经过严格消毒，床单、枕套、浴巾等是否更换等等。据喜来登集团对一万名住宿客人的调查获悉，其中65%的客人把清洁列为第一需求。清洁，能够使人保持身心健康，只有生活在清洁美观的环境里才会感到舒适愉快；反之，则使人焦虑不安。

2. 求舒适的心理

旅客因各种原因离开家，来到一个陌生的地方。环境、气候、生活习惯的改变令他们有生疏感和不适感，他们都希望酒店的客房能让他们感到舒适、惬意，从而产生"家外之家"的轻松感。

客人在未入客房前会产生想象，他渴望感受到"家"的温暖舒适。如室内温度适宜，环境安静，房内无异味，床铺宽大舒适；室内装饰色调、布局、灯光照明合理，物品配备齐全，设施、设备完好。有些客人一进入酒店就希望马上进入房间洗个热水澡，好好休息一下，以消除旅途的劳累。若打开热水龙头发现无热水，此时即使进行维修，也会给客人带来极不满意的感受，使客人情绪低落，甚至做出判断"以后再也不住这家酒店了"。

3. 求方便的心理

经过旅途劳累初到陌生环境的客人会产生疲乏感和种种不安，渴望能在方便舒适的环境中尽快得到休息，享受理想的服务。因此，在酒店客房住下后，客人们都希望酒店客房能体现房内设施的使用价值及完整的服务项目、标准的服务程序、快捷的服务反应。需要洗衣只要填张单并将衣物放进洗衣袋，有什么问题只要向服务台打个电话就行，需要什么打个电话就能送到房间，一切都像在家中一样方便。

（1）有形设施的使用价值：

◆ 房内一切设施必须以方便客人的需求为出发点，不仅要考虑其美观，更要考虑其实用性。

- ◆房内电热水壶采用底座与壶身分离式，自动电加热，更方便客人使用。
- ◆书写空间的照明采用可调节式开关，客人可根据自己的要求调节光源。
- ◆房内采用温控调节器，标准间床头灯采用分离式。

（2）完整的服务项目、标准的服务程序、快捷的服务反应：

酒店所设立的一切服务项目及服务程序应以方便客人为准则，处处为客人着想，让客人感受到"家"的温馨。

- ◆洗衣服务，快洗 2 小时服务。
- ◆房内送餐服务。
- ◆物品租借 10 分钟到位服务。
- ◆按标准进行日常清洁客房服务。
- ◆开夜床服务。

4．求安全的心理

马斯洛需求层次理论中"安全需求"是人们心理的第二大需求。旅客住进客房，希望能保障其财产以及人身的安全，希望客房是安全场所，绝对不允许外界的干扰；不希望自己的钱财丢失、被盗；不希望自己在酒店的一些秘密被泄露出去；不希望发生火灾等意外事故。万一发生火灾则希望服务员能及时采取措施保障其人身安全。客人还希望在自己喝醉酒、生病或出现危险情况时，服务员能及时采取措施，保障自己的人身安全。

5．求尊重的心理

尊重是人类较高层次的需求。人只有受到尊重，才能在心理上产生自豪感和价值感。客人不仅渴望见到服务人员热情的笑脸，而且希望得到服务员的尊重，尊重自己的人格，尊重自己对房间的使用权，尊重自己的意愿，尊重自己的朋友、客人，尊重自己的生活习俗、信仰等。客人也渴望服务接待的公平，而不是以貌取人。例如，某日有位住店客人到商场要求购买"XO"并记账，商场营业员打量了一下客人，见他穿着运动服，就拒绝出售，后经了解此人是霍英东的大公子霍震霆。

二、服务员在服务过程中应注意的事项

（1）为满足客人求干净的心理，要切实搞好客房的卫生清洁工作，严格按服务规程操作，对直接与客人接触的水杯、洗脸盆、抽水马桶等要严格消毒。

（2）为满足客人求舒适的心理，要为他们创造一个舒适、安静的休息环境，服务时做到"三轻"（走路轻、说话轻、动作轻），经常检查房间设备的运转情况，保证客人休息时有舒适的床铺、被褥，有温度适宜、空气流通、安静舒适的环境。

（3）为满足客人求方便的心理，服务员工作要主动、周到，在可能的情况下，尽量并热情地满足客人提出的要求，还要按规定配齐房间的生活日用品、文具用品等，使他们感到一切都很方便、顺心。

（4）为满足客人求安全的心理，服务员应有较强的安全意识，配合保安人员防止不法分子进入客房偷窃客人的物品；在收拾房间时不能乱动客人的贵重物品，除丢在废纸篓里

边的东西外，不能随便扔掉客人的任何物品，以免误会。对醉酒客人要采取合理措施，对生病客人要与医疗室联系或送附近医院诊治。发生火灾等突发事件时，一定要先为客人着想，将客人转移到安全地方，保证客人的生命安全。关于客人的信息，不随便泄露给外人，以免发生意外。

（5）为满足客人求尊重的心理，服务员应做到以下七点：

◆对客人要使用尊称，使用礼貌用语。

◆要记住客人的名字，并随时使用姓氏去称呼他们。

◆尊重客人对房间的使用权。

◆尊重客人的生活习惯、习俗。

◆尊重有生理缺陷的客人。

◆尊重有过失的客人。

◆尊重来访问住客的客人。

三、客人心理需求的发展

随着社会经济发展的突飞猛进，网络信息时代的迅速崛起，客人对住宿的心理需求也发生了变化。

1．客房服务功能的拓展

◆房内通讯、传真、可视电话。

◆房内办公、电脑服务网络系统。

◆房内娱乐及查询设备。根据客人的不同需求，房内设娱乐空间，配置音像设备。通过电视系统可查询当日房内消费、航班、火车时刻表、当日各大城市天气及外币汇率等等。

◆智能房。

◆电子钱包。

◆女性楼层房内配备羊毛绒饰品，放置化妆品。

◆无烟楼层满足环保健康需求。

◆老年人楼层。老年人喜欢安静，希望楼层设有专人值台。

2．超常规服务（个性化服务）

随着客房服务功能的不断拓展，客人需要我们提供标准化、规范化的服务，更需要酒店给他们提供温暖、贴切的"亲情"服务，来满足变化发展着的心理需求。

超常规服务主要指在酒店标准化服务的基础上，向客人提供他们急需而又没预想到的服务项目。

开动脑筋

下列哪些服务属于个性化服务？

◆新年见到客人说"新年快乐"。

◆客人需要冰块时及时送到。

◆客人需要轮椅时及时租借。

◆洗衣房小王在检查客衣时发现601房李小姐衬衣袖口上少了一颗蓝色纽扣，于是向主管汇报，立即到商场配置了同样的纽扣缝好。

◆某楼层服务员在打扫1001房时观察到何先生将枕头对折，于是立即为客人增加了一个枕头。

◆某楼层服务员在清洁910房时，了解到王先生有严重的胃病，并将此信息告之餐饮部。

◆某楼层服务员在住房资料中发现今天是527房吴先生的生日，于是送上生日贺卡。

🔵 阅读材料

某酒店商务客人服务计划

一、抵店前的服务提升措施

（1）提供保证订房服务，客人预订无房时，预订员不得直接告诉客人无房间，需汇报上级进行安排。

（2）预订员需查询客人上次入住的房间，在可能的情况下提前安排好客人上一次住过或宾客喜欢的房号。

（3）对于曾有过特殊服务需求（如接机服务等）的宾客，在预订时主动进行确认。

（4）对于连续三次以上本人预订过客房的宾客，预订员必须熟悉其声音。

（5）大堂副理和前台班组根据预订报表提前了解重要宾客抵店信息，并做重要宾客的抵店信息表，根据客史了解其背景资料，记住宾客的姓名、身份、房号等。

（6）前台提前准备好房卡、住宿单等，放入指定的地点，并通知客房部提前做好客房的布置。

二、抵店时的服务提升措施

（1）根据宾客所乘航班/车次号，与机场/车站联系并确定抵店时间，大堂副理从前台领取备好的住宿登记表及欢迎夹，在大厅迎候宾客。

（2）对无确切抵店时间的重要宾客，则宾客到总台时，由接待员及时通知大堂副理迎接；大堂副理应注意观察客情，在宾客集中抵店时，主动到总台迎候；如大堂副理在处理其他事务，在客情允许的情况下，由总台接待员引领宾客至电梯口。

（3）梳理部分信誉度极佳的重要宾客，并为其提供免交押金和房内登记服务。

（4）根据客情，对于部分积累到一定天数的重要宾客可给予升级；宾客抵店时通知前厅经理或房务总监予以接待，并做好相关沟通工作。

（5）重要宾客入住后，前台及时将相关进店信息报服务中心，如××先生入住×××房间。

三、住店期间的服务提升措施

1．大堂副理

（1）积极寻找与宾客接触的时机，让客人感受到酒店对他们的重视，适当的时候可邀请客人至行政楼层免费享用茶点，与宾客做好沟通，了解宾客的意见及建议。

（2）掌握行程安排，在早晨离店和傍晚回店高峰期做好日常的迎送问候工作。

（3）在重要商务客人集中用餐期间，至咖啡厅向宾客问候，了解住店感受。

（4）宾客在大厅时，主动与宾客打招呼，能够称呼宾客姓名，适时征询宾客的意见。

（5）根据宾客需要，为其办理店内相关事宜及商务活动，如机票的确认，车辆、会议室、餐厅等的预订，与接待单位的联系及特殊需求的落实。

2. 客房服务

（1）对于有预订的商务客人应根据客人的喜好提前布置好房间，如是住店时间累计在20天以上的宾客，提前送入水果。

（2）服务中心每天早上7：30打印宾客报表交相应的楼层领班，楼层领班在开早会时交相应楼层服务员。

（3）服务中心将报表内容、宾客信息及时通知相关楼层服务员。

（4）楼层服务员根据宾客报表，熟记本楼层的客人姓名，在服务中根据客史的记录提供针对性的服务。对于还没有建立客史档案的客人要特别关注并尽可能建立客史档案。对于住店时间已经累计20天以上的宾客，如昨日进店时未送水果的，应及时补上，并附上提示卡"×××先生/小姐，欢迎您入住×××酒店，这是我们酒店为您准备的水果"。

（5）楼层服务员应将宾客信息通知清扫员，根据接待标准增补相关物品。

（6）楼层服务员必须掌握重要宾客、回头客的姓名，并尽可能地认识客人。在服务过程中必须尊称客人，并适时与客人进行沟通。

（7）服务中心在晚上9：00再次打印宾客报表。

（8）对于重要宾客、回头客应建立并及时更新客史档案，以便提供针对性的服务。

（9）管理人员适时与宾客进行沟通，了解宾客的需求和意见，并安排落实。

四、离店时的服务提升措施

（1）宾客离店前一晚打问候电话（19：00—21：30），了解宾客次日离店的时间。如宾客不在房间内，可留言给宾客。

（2）如联系上宾客，与其确认结账方式、行李服务、交通安排及早餐服务等。

（3）提供快速结账服务，根据宾客需要可提前一天结账。

（4）离店时大堂副理协助前台处理账务，做好意见征询。

（5）做好宾客的反馈服务。

（6）宾客结账后，与宾客道别，由大堂副理送到大门口。

（7）注意收集宾客的喜好并直接输入电子档案中。

尊敬的宾客：

您好！

为了不耽误阁下的宝贵时间，酒店特设快速结账服务。阁下只需填写以下表格，并致电"2"联系管家部服务员收取表格，我们将尽力为您提供更优质高效的细致服务。

祝您旅途愉快！

Dear guests:

In order to save your valuable time, Express Check out Service is supply for you. Please fill in this form and contact "2" for handle when you need.

Wish you would have a most pleasant stay with us.

叫醒时间
Wake up Call Time: _____

预计退房日期/时间
Expect Check-out Day/Time: _____

打包早餐￥98/份
Take Away Breakfast ￥98 per set

此服务仅提供予6：30am前退房的住客
Take Away Breakfast Service Only for Check Out before 6:30am

餐单：

中式早餐 Chinese Breakfast	西式早餐 Western Breakfast
皮蛋瘦肉粥一份 Pork congee with preserved Egg	火腿蛋三文治一份 Ham and eggs sandwich
三丝炒面一份 Fried noodles with shredded meat and vegetables	熟鸡蛋一只 Boil egg
矿泉水一支 Mineral water	咖啡 或or 茶一杯 Coffee Tea

数量/Amount: _____ 份/portion
领取时间/Pick-up Time: _____
支付方式/Pay by:
餐券/Coupon   费用自付/Account Charge

预约出租车服务 TAXI Service

预订用车 Limousine Service
酒店设有预订车辆服务，请提前一天致电"5"与礼宾部联系。
Please contact "5" to Concierge for Limousine Service before one day.

房号/Room No.: _____

客人签名/Signature: _____

以下内容由酒店填写
Fill in by Receptionist below

叫醒服务跟办人: _____

早餐服务跟办人: _____

查房服务跟办人: _____

结账服务跟办人: _____

快速结账服务

五、离店后的服务提升措施

（1）不断完善客史资料，以便提供更优质的服务。

（2）根据宾客档案向店外过生日的宾客发生日卡。

相关案例

案例 1

某楼层服务员在整理客房时观察到王先生自己将原来床上配置的毛毯换成了棉被，服务员应采取哪种措施最为合理？

（1）床还是按日常标准铺（西式），但要将拿出来的棉被整齐叠放在床尾。

（2）床还是按日常标准铺（西式），但将使用过的棉被整齐地叠放在衣柜内。

（3）将棉被铺在床上，毛毯叠放在衣柜内，并在工作日志上注明某房间王先生喜欢用棉被。

案例 2

某楼层服务员在打扫房间时发现，陈先生房内桌上放了一瓶未喝完、没有瓶盖的"王朝干红"，服务员应采取哪种措施最为合理？

（1）考虑客人健康与卫生，将剩的酒倒掉。

（2）将剩余的酒直接储存在冰箱内。

（3）用保鲜膜或干净的瓶盖将剩余的酒盖上，放在冰箱内，并留纸条"陈先生，很抱歉未经您的许可，我已经将您未喝完的酒存放在冰箱内"，并做好交接班记录。

案例 3

某楼层服务员在打扫客人房间时发现床上书刊、杂志堆放零乱，服务员应该采取哪种措施最为合理？

（1）考虑到不翻动客人物品的原则，不对床铺进行整理，等客人回房后征得客人同意再做清理。

（2）考虑到让客人有一个整洁、舒适的环境，应将客人所翻阅的书刊、杂志合上，并整齐地摆放在写字台上。

（3）在整理客人床铺时，用一张纸条夹在客人打开的书页处，再合上放置于床头柜，以示方便，尊重客人。

案例 4

某楼层服务员在打扫某房时发现客人将落地灯移至写字台旁，服务员应该采取哪种措施最为合理？

（1）将落地灯放置到房间空处。

（2）将落地灯放回原处，并通知工程部将台灯灯泡瓦数微加大，等客人回房后告诉他"先生，很抱歉，未经您的允许我们将您的台灯灯泡加大了瓦数。顺便告诉您，为了您的安全请将台灯关掉。给您带来的不便请谅解"，并在交接班本上注明时刻，同时注意该房动静。

（3）原样不动。

案例5

早晨某房间客人打电话至房务中心，称房内少配一只漱口杯，急需服务员送至房内，房务中心小姐有礼貌地向客人表示歉意，并告之客人"我们马上为您送来"。但楼层服务员感到奇怪，昨天这房间肯定按标准配置了，领班、主管都检查过，服务员应采取哪种措施最为合理？

（1）不予理睬。

（2）快速将漱口杯送至房内，并告之客人"先生，你房内物品配置是齐全的"。

（3）快速将漱口杯送至房内，并表示歉意。

客人外出时征得客人同意对房间进行整理，一进卫生间发现有一只摔碎的漱口杯，于是又采取了第二种措施：

（1）将破损的漱口杯放至原处（想等客人回房后讨一个说法）。

（2）将破损的漱口杯取出，见到客人首先表示歉意并很有礼貌地对客人说："先生，我们酒店的漱口杯弄伤了您的手没？"然后委婉地告诉客人，损坏了酒店的非一次性用品是需要赔偿的。

开动脑筋

某房间李先生晚上11点打电话至房务中心，询问明天去北京有几个航班，每个航班的具体时间是几点；又问房务中心服务员明天天气怎样；最后又对服务员说自己有胃病，因急忙出门忘记带胃药，不想去医院，能否告诉他24小时营业的药房在哪里。

请你根据案例内容，设计最合理的解决方案。

知识要点四　　岗前仪容仪表的准备

客房服务员小李到酒店后首先来到了更衣室，要做的是自身的准备工作，你知道小李需要准备哪些项目吗？

一、酒店对仪容仪表的要求

1. 对制服或工作服的要求

（1）工作时间只能穿酒店发放的制服或工作服。

（2）制服要保持干净、整洁，裤线整齐，凡出现有污迹、开线、缺扣子等现象时要立即更换。

（3）制服外衣的衣袖、衣领处以及制服衬衣领口处不得显露个人衣物；内衣下摆不得露在制服外面。除工作需要外，制服口袋内不得放置其他物品。

（4）在岗期间纽扣要全部扣好。穿西装制服时，不论男女，第一颗纽扣必须扣好，不得敞开外衣；制服袖口、裤脚不能卷起来。

（5）在规定的制服换洗日，一定要换洗制服或工作服。

（6）检查洗好的工作服有无需要缝补的地方。

（7）要负责任地保管好制服或工作服，挂（叠）好后再放进更衣柜。

（8）只许穿着酒店发放的统一样式的衬衣。

（9）注意保持衬衣的清洁，每天上岗前必须更换干净的衬衣。

（10）袜子要保持清洁，每天换洗。男服务员穿黑色或与鞋子颜色协调的袜子。女服务员穿与肤色相同或岗位制服所要求颜色的袜子；穿短裙的女士要穿长筒袜，并且穿长筒袜时一定要贴紧，不得显出松散要掉的样子；不得穿跳丝或有洞的袜子。

（11）皮鞋上岗前要擦拭干净、光亮；布鞋要经常洗刷；工作鞋只准穿酒店发放的统一样式的。

2．对佩戴名牌的要求

上岗前必须佩戴名牌。名牌戴在左胸上方，注意要佩戴正。员工佩戴名牌既便于客人监督，又可以增强服务员的岗位意识。

3．对仪容的要求

（1）男服务员不得留长发或蓬松的发式，不得留大鬓角，头发两侧不得遮住耳朵，后面不得盖住衣领。

（2）女服务员头发过领口应扎起，严禁披头散发，额前刘海不得压眉，不得让头发遮住脸。

仪容检查

（3）上岗前不得使用刺激味较大的发胶、发乳及头油等。

（4）头发要保持清洁，注意有无脱发落在制服上。

（5）男服务员不准留胡须，上班前必须刮净。

（6）应勤洗手、剪指甲，所有指甲均不得超出指端，保持手部的清洁。女服务员不得涂抹有色指甲油。

（7）早晚要刷牙以防止口臭，要经常漱口，特别是饭后。上班前不得食用有刺激性气味的食品（如葱、蒜等）。

（8）上班前3小时不得饮酒，并严禁带酒味上岗。

（9）要勤洗澡，勤换衣，身体无异味。

（10）女服务员要着淡妆上岗，不得化浓妆，不得使用浓味化妆品。

（11）工作时不得戴耳环、项链、手镯等华丽显眼的饰品。

二、仪容仪表的检查标准

检查仪容仪表，可参考以下标准。

表1　仪容仪表检查标准

检查项目	具体标准	检查效果		
		符合规范	基本符合	极少符合
着装	1. 工作服干净整洁无褶皱 2. 丝袜无破洞或跳丝 3. 皮鞋或布鞋，光亮清洁			
仪容	1. 面部清洁，口腔无异味 2. 女服务员化淡妆 3. 男服务员不留长发，女服务员不梳披肩发 4. 指甲剪短，不涂指甲油			
名牌饰品	1. 名牌戴在左胸上方，工作时间不得佩戴饰品 2. 若戴发卡、头花，应一律选用黑色			
神情面貌	1. 面带微笑 2. 站姿端庄，精神饱满			

注：检查后应提示需要改进的方面。

实训：各组进行仪容仪表的检查。

表2　仪容仪表检查表

工作流程	具体标准	操作效果	
		自查	互查
更换工服	1. 按规定穿好工作服 2. 按规定穿好丝袜，不得有破洞或跳丝 3. 按规定穿好皮鞋或布鞋，保持清洁		
整理仪容	1. 检查个人卫生，保持面部清洁，注意口腔卫生 2. 女服务员应化淡妆，不可浓妆艳抹 3. 男服务员不留长发，女服务员不梳披肩发 4. 指甲剪短，不涂指甲油		
佩戴名牌	1. 名牌戴在左胸上方，易于辨认，工作时间不得佩戴饰品 2. 若戴发卡、头花，应一律选用黑色		
调整神态	1. 着装检查完毕后，在走出更衣室前，面对更衣镜检查自己的微笑 2. 调整心态，上班前要有一个良好的精神面貌，面带微笑最重要		

知识要点五　　班前例会

客房服务员小李更换了工服，着淡妆、精神饱满地来到客房服务中心，签到后等待参加班前例会，并接受当班领导的检查和当天的工作任务。

班前例会

一、班前例会规范

（1）接受检查：更衣后到指定地点接受值班经理或主管的检查。
（2）签到。

表3　客房部员工签到表

日期：		年　　　　月　　　　日		
白班	经理：			
	主管：			
	领班：			
	员工：			
中班	经理：			
	主管：			
	领班：			
	员工：			
夜班	值班领导：			
	员工：			

（3）布置任务：由值班经理或主管总结前日工作情况，并口头或书面布置具体的工作安排。

（4）由值班经理或主管强调当天的注意事项。

表4　楼层当日事项登记表

交接项目	交接内容	备注

当班主管：　　　　　　　　　　　　　当班服务员：

（5）领取钥匙和对讲机等工作物品。

表5　客房部各楼层万能钥匙交接表

楼层	领用时间	领用人	发放人	归还时间	归还人	接收人	备注

统计备用：　　　　　交接时间：　　　　　固定数：　　　　　实际数：

万能钥匙：　　　　　白班时间：　　　　　开门卡（把）：　　　　　开门卡（把）：

交接数量：　　　　　夜班时间：　　　　　封门卡（把）：　　　　　封门卡（把）：

表6 工作钥匙收发登记表

钥匙名称（号码）	领取时间				领用人签名	发放人签名	归还时间				接收人姓名
	月	日	时	分			月	日	时	分	

（6）客房状态登记表。

表7 客房状态登记表

房号	房态	进房时间	出房时间	备注

楼层：　　　　服务员姓名：　　　　日期：　　　　班次：

注：OCC，住客房；　　CO，走客房；　　VD，离店房未清洁；　　OOO，待修房；

VC，干净空房；　　ED，预计离店；　　DND，请勿打扰；　　SO，外宿；

LB，轻行李；　　NB，无行李。

实训：以小组为单位模拟班前例会

表8 班前例会表

班前例会项目	标准及要求	模拟班前例会效果		
		符合规范	基本符合	极少符合
1. 检查仪容仪表	符合客房服务员仪容仪表的要求			
2. 总结前日工作情况及出现的问题	总结明确，问题明了			
3. 布置当日的工作内容和工作重点	当日工作布置合理，分工明确			
4. 进行专业知识与对客服务英语的检查与培训	专业知识及对客英语检查培训有针对性			
5. 强调当天的注意事项	提示当天的注意事项，清晰明了			

知识要点六　　客房常规服务项目及服务规程

一、迎客服务

客房楼层接待服务工作，从宾客抵达楼层及进入客房开始。客人经过长途跋涉到达酒店时，一般都比较疲乏，希望得到妥善安排，以便及时休息或用膳。

1. 宾客抵店前的准备工作

（1）了解客情：

认真阅读"客情通知单"、"特殊要求通知单"等表单，了解宾客姓名、人数、国籍、身份、抵离时间和房号安排等基本情况。

表9　×月×日客情通知单

制表人＿＿＿＿＿＿　　制表时间＿＿＿＿月＿＿＿＿日＿＿＿＿时

VIP	团队代号	团队名称	抵达日期车次/航班	离开日期车次/航班	国籍	人数	用房	订房单位

表10　特殊要求通知单

制表人＿＿＿＿＿＿　　制表时间＿＿＿＿月＿＿＿＿日＿＿＿＿时

姓名		国籍		人数	
抵店时间			离店时间		
房号					

具体要求：

1. 准备房间/检查房间

×日13：30前，根据前台提供的住客房号将房间清扫干净，并且由当班主管检查，楼层经理抽查。

2. 鲜花/水果/欢迎卡/欢迎品

×日13：30前拿到由前台提供的欢迎卡，由水果库房的员工将欢迎卡与水果一起送入客房。

所有套房免费提供＿＿＿＿＿水果，其余房间免费提供＿＿＿＿＿水果，由水果库房的员工按房号在客人抵店前送入客房。

所有套房免费提供月季花＿＿＿＿＿支和月季花卡，通知鲜花库房员工按房号在客人抵店前送入客房。

（续上表）

由前台确认这批客人是否为 VIP 客人以及 VIP 级别，通知水果库房员工将相应的欢迎品在客人抵店前送入客房。

3．迎客服务

由于这个团队中有_____级别客人，需要_____在相应楼层等候客人，将客人引领至房间门口，帮助客人打开房门。

4．做夜床服务

客人入住期间，每天 17：00 左右帮助客人做夜床服务。

5．清扫房间

客人入住期间，每天帮客人打扫房间，若客人打 DND（请勿打扰），请按照标准操作规范进行。

6．检查客人遗留物

_____日 9：00 客人退房后第一时间进入客房检查客房内是否有遗留物，若发现，请按照标准操作规范进行。

（2）了解接待标准：

不同的客人酒店接待标准也有所不同，客房服务员需了解具体的接待要求，如是否按贵宾接待，是否是常客等，并尽可能多了解客人的风俗习惯、宗教信仰、生活特点和特殊要求等，做到情况明、任务清。

（3）检查客房：

对预订房进行全面检查和保洁工作，确保客房清洁保养质量达标。

（4）布置客房：

根据客人的宗教信仰、生活特点和酒店接待标准布置客房，打开音响、调节空调温度，晚上抵店的客人还需提前开好夜床。

2．宾客抵达楼层的迎接服务

（1）住客在前台办完入住手续后乘电梯到达楼层，客房服务员听到电梯铃响应迅速站在相应位置上，双手交叉自然下垂，面带微笑，做好迎客准备。

（2）客人出电梯后，服务员应主动问候客人。

宾客抵达楼层的迎接服务

（3）问清客人房号，并请客人出示房卡，双手从客人手中接过钥匙及房卡，同时检查房卡信息和客人所说房号是否一致。

（4）在确定信息无误后，带客人进房。若客人无人陪同，服务员应主动征求客人意见，了解其是否需要帮拿行李。

（5）在客人的侧前方1米处引领客人，遇台阶或拐角处要及时提醒客人，同时用手示意行进的方向。途中可与客人适当交谈，介绍酒店服务情况并回答客人提出的问题。

（6）到房门口后放下行李，按进房程序敲门报身份，然后用客人的钥匙打开房门。

（7）打开房门后，插好电源，然后退至房门外一侧，请客人先进客房。但如果发现客房有不妥之处，应请客人稍等，立即与前台联系，以作调整。

（8）按客人意见将行李放在合适的位置。

（9）向客人简单介绍房内设施、设备及使用方法。若客人是长住客，或面带倦意则可省去，告知客人客房服务中心的号码即可。

（10）祝客人住店愉快，退出房间时微笑着面向客人并轻轻关上房门。

（11）引领工作完毕，做好相关记录。

3．注意事项

（1）在为客人提供引领服务时，要注意不应走在客人的正前方；示意行进方向时，不要用一根手指指示，要五指并拢，手心向上或向一侧。

（2）到达客人房间门口，要用语言提示客人"某先生/小姐，您的房间到了"。避免贸然停下，客人撞上服务员，造成尴尬场面。

（3）与客人交谈过程中，要注意说话艺术，不要涉及个人隐私问题，也不要让客人感觉你是在极力推销酒店的收费项目。

二、茶水服务

酒店客房部为新入住客人、VIP客人和要求送茶的客人提供茶水服务；有访客进入客人房间，也要适时地提供茶水服务。

1. 操作准备

（1）问清要求。接到送茶服务要求时，问清客人需要几杯茶、需要哪种茶，并记住房号。饭店必备红茶、绿茶和花茶三种茶。如准备的是红茶，可准备好方糖，供客人自取。

（2）泡茶。在最短的时间内做好准备，泡好茶。要求茶具干净，放入适量茶叶，用开水冲泡，七八分满即可。

（3）装盘。将茶壶、茶杯、杯垫放在垫有小方巾的托盘内，准备好热毛巾（毛巾温度约60℃）和毛巾镊子，一同放入托盘内。整理好托盘，重的、高的、后派用的放在里侧，轻的、低的、先派用的放在外侧。

2. 操作步骤

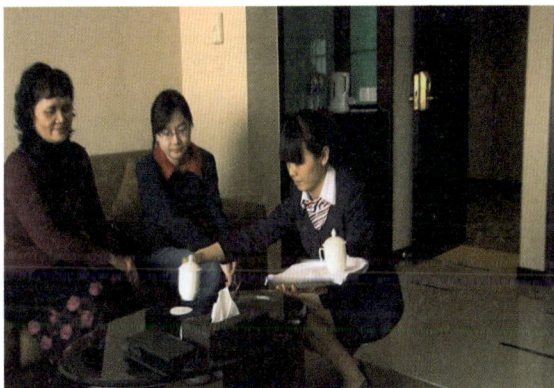

茶水服务

（1）送茶进房。左手托盘，送至房门口时用右手敲门，报身份，征得客人同意后进入房间。

（2）上茶。待客人坐定后，把茶杯放在杯垫上一同敬给客人。杯把朝向客人的右手，伸出右手做一个请的手势，轻声说"请用茶"。如果多人在座，上茶时遵循先宾后主，先上级后下级，先女士后男士的顺序。

（3）按规定退出房间。客房服务员送茶完毕，应面带微笑地向客人说："如果您还有其他需求，请打电话给我们。我们很乐意为您效劳。"然后退后一步，转身退出房间并面向客人轻轻关上房门。

三、洗衣服务

1. 收取客衣

最常见的送洗方式是客人将要洗的衣物和填好的洗衣单放进洗衣袋，放在床上或挂在门把手上；也有客人嫌麻烦请服务员代填，但要由客人过目签名。洗衣单一式三联，一联留在楼面，另两联随衣物送到洗衣房。为避免客人将要洗的衣物放在房内而延误收洗时间，服务员应在上午某一规定时间（一般为 9 点或 10 点）之前巡查一下可能有衣服要洗的房间，并及时收取。为了防止洗涤和递送过程中出现差错，有的酒店规定，客人未填洗衣单的不予送洗，并在洗衣单上醒目位置注明。电话接受洗衣服务是国际上大部分酒店的例行做法。客衣服务员在电话中往往需提醒客人：填写洗衣单，并将其与所需洗烫的衣物一同装入洗衣袋，放于客房内。客人有时会有一些特别要求，服务员应问清楚并做好记录。在收取客衣的过程中，要特别注意以下一些问题：

（1）在接到客人洗衣要求后，服务员应迅速前往客人房间收取客衣。

（2）凡是放在床上、沙发上，未经客人吩咐、未放入洗衣袋内的衣服不能收取。

（3）检查洗衣袋内是否有洗衣单，洗衣单上的房号是否与所住房号一致，单上有关项目的填写是否符合要求，衣服的数量是否正确。

（4）服务员收取客衣时必须仔细清点件数，检查衣袋里是否有遗留物品，纽扣有无脱落，有无严重污渍或破损。

（5）不要将客衣随意乱放，不要把洗衣袋放在地上拖着走，要爱护客人的衣服；对于需熨烫的高级时装，应用衣架挂好。

（6）楼层服务员要配合客衣服务员的工作。发现客人把洗衣袋挂在门外后，要将其收至楼层工作间并电话告知客衣组。

（7）收到的所有送洗衣物均需记录在"客衣收取记录表"上。

（8）接收客衣后，客房服务中心应立即通知洗衣房前来收取客衣，并按规定与洗衣房收发员进行交接。

检查洗衣单

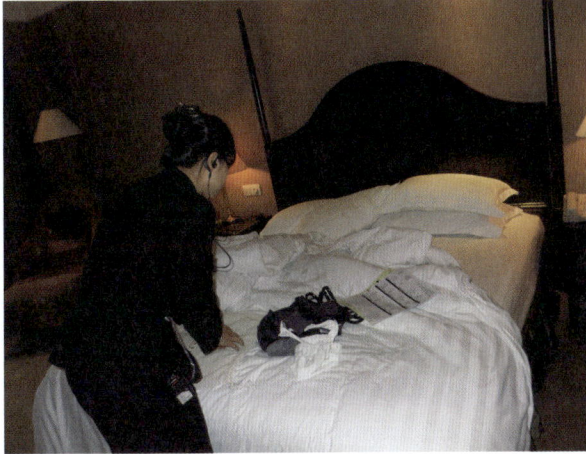

收取客衣

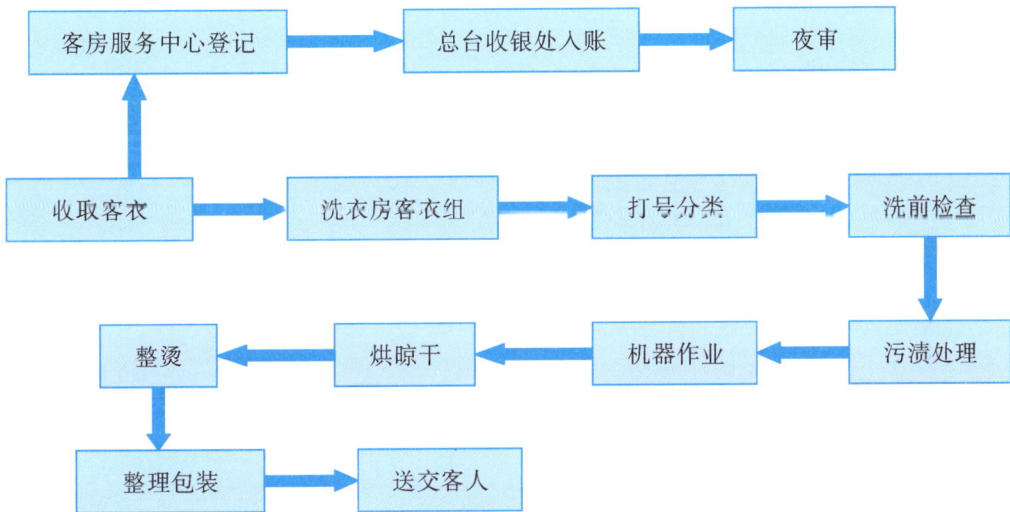

客衣送洗流程图

表 11 洗衣单样本 1 （干洗/熨烫）

干洗 DRY CLEANING/熨烫单 PRESSING LIST

请填写表格通知收取洗衣，费用计入房间账户

Please complete this form and call Laundry for collection. The Grand Total will be charged to your account.

姓名：	房间号码：	日期：
Name：	Room No. ：	Date：

请填大写 （Please use block letters）

Special Instruction	□ 折叠	□悬挂	□无浆	□轻浆	□重浆
	FOLDED	ON HANGER	NO STARCH	LIGHT STARCH	HEAVY STARCH

号码：	签名：
Mark No. ：	Guest Signature：

□基本服务：当日上午 10 点前收取衣物可在同日下午 6 点以后送回

REGULAR SERVICE：Garments collected before 10：00 am will be returned the same day after 6：00 pm.

□特快服务：衣物可在 4 个小时内送回 （最后收衣为下午 3 点）费用双倍

EXPRESS SERVICE：Garments will be returned within 4 hours from the time of collection （latest collection 3：00 pm）. A 100% Express Charge will be applicable.

干洗 DRY CLEANING

宾客数量 Guest Count	酒店数量 Hotel Count	男士 Gentlemen	价目 Price RMB	金额 Amount	宾客数量 Guest Count	酒店数量 Hotel Count	女士 Ladies	价目 Price RMB	金额 Amount
		套装（三件）Suit(3pes)	80. 00				晚装 Evening Dress	80. 00	
		套装（二件）Suit(2pes)	70. 00				套装(三件) Suit(3pes)	80. 00	
		外套 Jacket	46. 00				套装(二件) Suit(2pes)	70. 00	
		长裤 Trousers	36. 00				大衣 Overcoat	66. 00	
		恤衫 Silk Shirt	36. 00				长裙 Dress(long)	56. 00	
		毛衣 Sweater	40. 00				短裙 Skirt(plain)	28. 00	
		大衣 Overcoat	66. 00				半截裙(百褶) Skirt(full pleats)	66. 00	
		燕尾服 Tuxedo	80. 00				衬衣 Blouse	56. 00	
		背心 Waistcoat	20. 00				毛衣 Sweater	40. 00	
		领带 Tie	20. 00				外套 Jacket	46. 00	
							长裤 Pants	36. 00	
							围巾 Scarf	20. 00	

（续上表）

净熨 PRESSING （Pressing Service available until 6.00 pm）

宾客数量 Guest Count	酒店数量 Hotel Count	男士 Gentlemen	价目 Price RMB	金额 Amount	宾客数量 Guest Count	酒店数量 Hotel Count	女士 Ladies	价目 Price RMB	金额 Amount
		套装（三件）Suit（3pes）	48.00				套装（三件）Suit（3pes）	42.00	
		套装（二件）Suit（2pes）	42.00				套装（二件）Suit（2pes）	48.00	
		外套 Jacket	28.00				晚装 Evening Dress	48.00	
		长裤 Trousers	22.00				长裙 Dress（long）	36.00	
		恤衫 Silk Shirt	22.00				短裙 Skirt（plain）	18.00	
		领带 Tie	12.00				半截裙（百褶）Skirt（full pleats）	40.00	
		背心 Waistcoat	12.00				衬衣 Blouse	22.00	
		燕尾服 Tuxedo	48.00				长裙 Dress（long）	22.00	
							外套 Jacket	28.00	

此表格必须由贵客填写及签名 This form must be completed and signed by the guest 贵客签名： Guest's Signature：	小计： Sub Total：
	加百分之百特快费： Plus 100% Express Charge
	加百分之十五附加费： Plus 15% Surcharge
	总数： Grand Total RMB ¥

发霉 Moth	损坏 Damaged	脱色 Discolored	脱扣 Button Missing	污迹 Stains and Spots

注意事项：

REMARKS：

1.请在单据上填写与签名,连同衣物放入洗衣袋内,若有数量不符合,将会预先通知客人,若贵客没有列明衣物数量,则以酒店之点核为准。

Please complete, sign and place this list together with your laundry in the bag provided. Should there be any discrepancies between guest count and hotel count. You will be notified accordingly. Should the list be omitted or not itemized, the hotel count will be taken as correct.

（续上表）

2. 贵客知悉,所有清洗衣物由贵客负全责。酒店当尽量小心,赔偿金额不超过洗涤价之 10 倍。酒店一概不负任何遗失及损毁的责任。

The hotel at the owner's risk accepts all laundry. While the utmost care is being exercised by the hotel, the liability of the hotel is limited to ten(10)times the value of the laundry charges. The hotel cannot be held responsible for any further loss or damages.

3. 任何要求应在 24 小时内提出。

Any claims must be made within twenty – four（24）hours.

4. 折叠与上浆的衣物每件加收人民币 5 元。

All folded and starch laundry will be charge a minimum of RMB 5.00 per item.

表 12　洗衣单样本 2

洗衣单 LAUNDRY FORM

□干洗 Dry – cleaning　　　　　　□湿洗 Washing

洗衣服务电话 Laundry service tel.：6666，6667

姓名 Name	请作标记 Please Tick		特别要求 Special Instructions
房号 Room Number	快洗服务□ Express Service	净熨□ Pressing Only	
日期 Date	（收费加 100%）	（收费加 100%）	
衣物件数 Pieces of garments	（100% Extra Charge）	（100% Extra Charge）	
宾客签名 Guest's Signature	4 个小时内送回 Garments returned within 4 hours		

特别提示	Please Note
1. 早晨 10 点前收的衣服当日送还,早晨 10 点后收的衣服如不注明"快洗服务",则次日晚上送还	1. Garments collected before 10：00 am will be returned the same day those collected after 10：00 am will be returned the following evening unless marked Express Service
2. 加收 10% 的服务费	2. Plus 10% service charge
3. 如客人未填写衣物数量,将以本酒店所记录的数量为准	3. Should the list be omitted or not itemized the Hotel count will be as correct
4. 客人的衣物缩水、褪色及袋中财物遗漏的,酒店不负责任	4. The Hotel is not liable for shrinkage fastness of color or anything in left in pockets of garments
5. 酒店赔偿丢失或损坏的衣服不超过该衣物洗涤费用的 10 倍	5. Hotel pay for lost or damage is limited to Ten（10）times the value of the laundry charges
6. 对洗涤后的衣物如有意见,请在收到衣物后 24 小时内提出	6. All claims must be made within 24 hours after delivery to guest

（续上表）

宾客数量 Guest Count	酒店数量 Hotel Count	男士 Gentlemen	价目 Price RMB	金额 Amount	宾客数量 Guest Count	酒店数量 Hotel Count	女士 Ladies	价目 Price RMB	金额 Amount
		套装（三件）Suit（3pes）	50.00				套装（三件）Suit（3pes）	50.00	
		套装（二件）Suit（2pes）	40.00				套装（二件）Suit（2pes）	50.00	
		外套 Jacket	30.00				大衣 Overcoat	50.00	
		长裤 Trousers	30.00				长裙 Dress（long）	40.00	
		恤衫 Shirt	36.00				短裙 Skirt（plain）	25.00	
		毛衣 Sweater	40.00				半截裙（百褶）Skirt（full pleats）	35.00	
		大衣 Overcoat	45.00				衬衣 Blouse	30.00	
		背心 Waistcoat	20.00				毛衣 Sweater	40.00	
		睡衣 Pajamas	35.00				睡衣 Pajamas	35.00	
基本费用 Basic Charge			快洗加收 100% 100% Express Service				10% 服务费 10% Service Charge		
总计（人民币）Total（RMB）									
领到后签名 Get To Check		□ 衬衣折叠送回			□ 衬衣悬挂送回				

（续上表）

污渍通知单

房号 Room No. _____   日期 Date _____

尊敬的客人：

我们已对您衣物上的污渍进行了特别处理，但仍有部分难以去除。如进一步洗涤，将可能会使衣物脱色或损伤衣物的纤维。如有其他要求，请与客房服务中心联系，分机号码"8888"。

Dear guest,

Special attention has been given to your garment but the remaining stain cannot be removed. Further attempts may discolor or damage the fabric. Should you require any assistance please contact housekeeping on extension "8888".

---

2. 客衣送回

送回客衣主要有两种方式：一种是客衣服务员将客衣送至楼层服务台，再由楼层服务员将其送给客人。洗衣房送还客衣后，客房服务员应将经过核收的衣物及时送往客人房间，并请客人检查、签收。另一种是由客衣服务员直接送回客人房间。客衣服务员上楼层送客衣前，应设计好送客衣的线路，从而节省送衣时间。准确无误是送返客衣工作中需要特别注意的问题，常见的错误是送错楼层和送错房间。对于"请勿打扰"及双锁房的客人，客衣服务员不可打扰，要把客衣交给客房中心服务员，并从门下放入"衣服已洗好"的说明卡，注意记下客人房号。

客衣送至楼层服务台

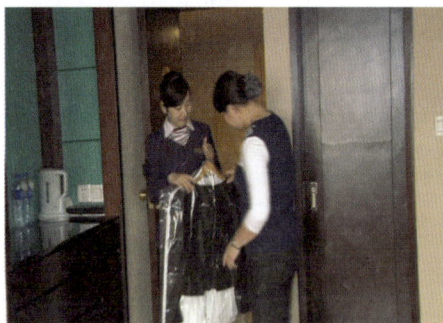

客衣送至客人房间

衣服已洗好说明卡

亲爱的宾客：

因您的房间挂了"请勿打扰"牌/双锁，我们将您的衣物暂存放于客户服务中心。若您需要，请拨电话"8888"与我们联系，衣物将立刻送回。

　　送回客衣是一件十分细致的工作。按国际惯例，由于酒店方面原因造成衣物缺损，赔偿金额一般以洗涤费用的 10 倍为限。我国由于洗涤费用便宜，按 10 倍赔偿客人也不满意，所以要求经手员工认真负责，不能出一点差错，否则会遭到投诉，给酒店造成经济损失和毁坏声誉的不良影响。

客衣通知单

Guest Laundry Service Notice

房号 Room No. _____　　　日期 Date _____

尊敬的客人：

Dear guest，

　　敬请注意，您送洗的衣物，有下列情形需确认：

Sorry to return laundry，please be aware that the garments have the following faults.

□我们实收衣物件数与您所填单数不符，欠（　）件。

There are a number of clothing pieces（　）missing.

□您的衣物有染色、褪色、漂点、反光现象。

The garment color has faded.

□您的衣物有破损。

The garment has been damaged.

□您衣物上的纽扣、拉链遗失（损坏）。

The button / zipper on your garment was found missing / damaged.

□您未填写洗衣单。

We were not notified that laundry services were requested.

请您确认后与客房服务中心联系，分机 "8888"。我们将会以普通洗衣服务收费，快洗服务处理。

If you are aware of the above faults，please contact housekeeping department on extension "8888"．For your convenience，we will conduct an express service，normal charges will apply.

洗衣服务单

Laundry & Valet Service

尊敬的客人：

　　我们已将洗妥之衣物送回阁下的房间，并已挂好在衣柜内，请查收。谢谢！

Dear guest，

　　We are pleased to inform you that all freshly laundered clothes have been placed in the closet．As usual serve you with pleasure.

　　Laundry Service /洗衣服务

　　Housekeeping Department /客房服务中心

　　房号 Room No. _____

📷 案例分析

洗衣纠纷

2月10日早上9点多，远洋酒店的服务员从2201房收取了一件需干洗的羊毛衫。大约11点，洗衣房在作例行检查时，发现羊毛衫的袖口位置有一处轻微破损。由于当时住客不在房间且无任何联络方式，洗衣房的员工只好将衣服暂缓送洗，以便待客人回房后与其确认。可直到当晚11点，住客仍未返店。为不耽误住客的第二日行程，客房部便决定将羊毛衫送洗，并随后在房间给住客摆放了关于洗衣问题的说明卡。但不知是方式不对还是别的原因，该房客至第二天离店时还没有发现留言的存在；同时，客房部亦没作进一步的落实跟进。第二日中午，客人收拾行李准备退房时，发现刚送回的羊毛衫有破损，便立即致电客房部问个究竟。员工在收到电话后礼貌地向客人作出详细的解释，但同时亦强调了当时已将衣物破损的细节填写于洗衣单上，然而客人对此不予认同。后经大堂副理诚恳耐心的解释和致歉后，住客最终放弃索赔。

点评：

（1）员工要征求客人意见：是否需当面检查送洗衣物。此举除体现对住客的尊重外，亦是对客人及酒店利益的双向保障。

（2）发现客人衣物破损，未及时与客人当面陈述此事实，无形中将客方的责任带给了酒店方，造成了不利的局面；而且，破损的衣物在被送还时，酒店方只字未提之前一系列问题，直到客人自己发现时酒店方才告知。此举令住客主观认为整个过程中酒店有欺瞒住客的行径，似乎酒店未主动联系住客是为掩饰问题，有想瞒天过海之嫌，故令客人错误地断定此衣物的破损非其所为而是酒店之过。在消费权益上，无论其所持有物品好与坏，都应在第一时间通知客人。对一家五星级的酒店来讲，24小时运转是有必要的。即使不能及时取得联系，酒店亦应于送回衣物的同时知会客人，以此获得客人的理解认同。

（3）洗衣单原为住客亲自填写，酒店无权附加任何未经客人认可的内容。如酒店有任何注释，应填写内部单据而非填写已有住客签名的客用单据。住客在此事件发生之后认为酒店以其名义改动单据，掩盖失误。同时酒店对所有有利的口头证据的肯定态度，令住客有被强加之感，亦是酒店对其人格的怀疑及间接否定，但实际上酒店并无任何足以证明此衣物破损为先前住客所为的有力证据。

事件虽已妥善处理，但它所反映出的问题则值得深思。在今天不断讲求个性化服务的酒店行业里，它所服务的"上帝"已在潜移默化中更多地强调消费权益和主观的合理。

📷 开动脑筋

住客张先生要洗一件外套，在填单时选择了水洗方式，然后就交给客房中心转洗衣房洗涤。客衣送到洗衣房，洗涤工根据客人的要求，将客人衣服进行水洗，结果衣服洗后缩水。客人拿回衣服后发现衣服不合身，认为衣服给错了，后经几番解释，客人接下了衣服。

思考：对于客人填写的洗衣单，我们是应该照单操作还是核单操作？

四、访客服务

做好访客的接待也是客房部一项重要的对客服务工作。提供这项服务时，客房部服务员应特别注意，要在先征得住店客人的同意后方可将来访者带到客房。当住客不在时，除非住客事先说明，否则不得将访客带进住客房间。楼层服务员对来访客人的接待，应该像对待住客一样热情礼貌。在征得住客同意后，引领来访者进房间。如果来访者一次较多，应主动送座椅到客房，还要询问被访者需要提供什么服务，并尽快满足。访客常常是酒店产品潜在的购买对象或者对住客有相当大的影响力，如果忽略对访客的服务，必会引起双方客人的不快，影响其对酒店服务的总体印象，甚至会促使住客搬出酒店另寻他处。

1. 访客服务程序

如果是没有主人迎接的来访者，客房服务员要做好以下服务接待工作：

（1）热情地接待来访者，问清来访者的姓名、单位（国籍），查看有效证件，问清被访住客的姓名、性别、房号，如与住客情况相符，可让来访者填写访客登记表。

（2）通过电话与该住客联系，征得住客同意后，再引见给客人；住客若不同意会见时，应先向访客致歉，然后委婉地请其离开，不得擅自将住客的情况告知访客。

（3）如果住客不在房内，向访客说明，并提示其可以去总台办理留言手续。

（4）如果住客事先要求服务人员为来访客人开门，要请住客去大堂副理处办理有关手续；来访客人抵达时，服务人员须与大堂副理联系，证实无误后方可开门。

（5）服务员引见时，见到双方相互问候、握手后，方可离开。

（6）如果会客地点在客房，将来访者引领进房后，礼貌地询问住客是否需要茶水、毛巾；若访客超过三人，还要询问住客是否需要座椅，并主动询问住客有无其他服务要求。

（7）若会客时间较长或访客较多时，应及时为客人补充茶水。

（8）会客完毕后如有需要，应再次整理好房间，以方便住客休息。

2. 访客登记

（1）如果来访者主动配合来访登记，客房服务员按以下程序操作：

◆询问来访者来访事由。

◆检查来访者的证件，确认来访者持有的证件为有效证件（身份证、驾驶证、军官证、护照等），并与持有者身份相同。

◆由客房服务员按会客登记制度和会客登记项目进行登记。

（2）如果来访者不予配合，客房服务员可进行暗登，同时按以下程序操作：

◆联系。由客房服务员用电话与住客联系，征得同意（未履行登记的也要与住客联系，并应注明与住客联系征得同意字样）。

◆暗登。对来访者随身携带的物品要在会客登记表上进行必要的暗登。

◆上报。住客在会客时，如有异常情况，应立即上报保卫部。

填写访客单

访客登记

◆登记。客房服务员掌握来访者的会客时间、离开客人房间的时间和离开楼层的时间，并在会客表上注明。

3．注意事项

（1）客房服务员当着来访者的面与住客联系时，要注意讲话技巧。

（2）不可让来访者自行寻找客人。

（3）来访者所说情况与住客情况不符时，要劝其到前台去查询。

（4）来访者离开楼层时，要观察其是否携带贵重物品，并做好记录。

（5）超过晚间会客时间，要礼貌提示客人尽快离开酒店。

（6）不可背后谈论客人，模仿客人的言行。

（7）不要随便接受客人的礼物。

（8）工作中，如有情况发生，要及时汇报。

表 13　楼层访客登记单

来访者姓名		性别		工作单位		
联系电话				地址		
身份证号码及其他有效证件				访何人	房号	
公司名称				是否预约	来访人数	
事由						
来访时间				离开时间		
服务员姓名				备注		

注：一联：客人，二联：楼层，三联：存根。

五、擦鞋服务

为了方便客人，酒店在客房内放置擦鞋纸，有的酒店以"自动擦鞋机"取而代之。除此之外，客房服务中心也可根据客人要求提供擦鞋服务。在提供此项服务的酒店，客房壁橱中放置了标有房间号码的鞋篮，并在服务指南中告之客人：客人如需要擦鞋，可将鞋放入篮内并放在房间门口，由服务员收取到工作间；或者客人打电话通知客房服务中心前来收取。

（1）服务员在接到客人要求擦鞋的电话或通知后，应在酒店规定的时间内赶到客人房间收取皮鞋，拿到工作间擦拭。

（2）收取皮鞋时，应在小纸条上写明房号放入皮鞋内，以防送还时出现差错。

（3）服务员在住客房内工作时发现脏皮鞋，应主动询问客人是否需要擦鞋服务。如果客人不在，可先将皮鞋收回，留一张擦鞋单于门底缝隙处，让客人知道服务员正在为其擦鞋；如果皮鞋置于房间门口或鞋篮里，可直接收取到工作间。

（4）若遇雨雪天气，服务员应在客人外出归来时，主动询问客人是否需要擦鞋服务。

（5）擦鞋时，先在鞋下垫上一张废报纸，将表面的尘土擦去。然后根据客人皮鞋的面料、颜色选择合适的鞋油或鞋粉，仔细擦拭、抛光。特别注意鞋底与鞋口边沿要擦净，不能有鞋油，以免弄脏地毯与客人的袜子。为避免差错，服务员一般只擦黑色皮鞋。若有其他颜色或特殊皮革制成的鞋，不能随意擦拭，可礼貌说明。若客人同意，可代请鞋匠处理。

（6）将擦净的鞋及时送至客人房间；如果客人不在，应将鞋子放在适当位置。

（7）做好记录，注明房号、颜色、时间等，以备核查。

📖 阅读材料

免费擦鞋

有一天，某酒店客房的一位服务员在为一位外国客人做夜床时，发现鞋篮里有一双沾满泥土的脏皮鞋，便用湿布将鞋擦干净，并上完鞋油，然后放回原处。这位常住客一连几天从工地回来，都把沾满黄泥的皮鞋放在鞋篮里，而那位服务员每天都不厌其烦地将皮鞋擦得油光锃亮。客人被服务员毫无怨言而又有耐心的服务感动了，在第九天将10美元放进了鞋篮。服务员照常将皮鞋刷净擦亮，放进鞋篮，却分文未取。免费提供擦鞋服务使客人佩服之余又有几分不安，因此，一再要求酒店总经理表彰这种无私奉献的精神。

擦鞋服务是旅游涉外酒店客房服务的项目。它的操作程序看起来简单，但有时技术难度还比较大。客房服务员在做夜床和每天的例行清扫时，应注意查看鞋篮有无摆放皮鞋；如果是客人打电话要求擦鞋服务，则客房服务员应在10分钟内赶到客人房间收取皮鞋，并注意询问客人何时需要送回擦好的皮鞋。

擦拭皮鞋工作要求服务员熟悉各种皮鞋及鞋油的性能，根据客人皮鞋的特性，选择适宜的鞋油和方法，特别是高档皮鞋更应注意鞋油与擦拭方法的选择。如果服务员没把握，就应向客人道歉，说明理由，不接受这项工作。

六、代办服务

客房服务员在做好日常服务的同时，在力所能及的前提下，应尽量帮助并完成客人提交的各项委托代办业务。代办服务项目主要有委托购物、修理物品、递送转交物品和预订交通票等。

酒店为客人提供代办服务时，要制定专门的委托代办登记制度和收费制度。一般酒店内的正常服务项目和在酒店内能代办的项目，如递送转交物品服务，不收取服务费；而在酒店内无法代办或超出酒店正常服务范围的项目，如委托购物、预订交通票、客人物品外送修理等，通常会收取一定的服务费。

代办服务的一般流程如下：

1. 满足客人要求

对于客人提出的一些特殊要求，只要是合理合法的，在可能的条件下，客房服务员都要尽量给予满足。具体程序如下：

（1）表示出乐意帮助的态度。

（2）记录客人的姓名和房号。

（3）记录客人的要求。

（4）重复客人的问题，明确客人的需求。

（5）如客人提出的要求涉及其他部门，也须尽力给客人提供方便，不能推诿。

2. 解决客人问题

（1）告知客人解决其问题的方法和大约所需的时间。

（2）尽可能告知客人事情进展的情况。

（3）如果代办服务会产生费用，一定要事先告知客人。

（4）如客人的需求不能满足，需向客人说明。

3. 做好善后工作

（1）客人需求解决后，要询问客人是否满意。

（2）检查分析有无需要改进之处。

（3）做好记录，以便查询。

案例分析

代客购买特产

一天晚上 10 点，服务员小李接到 1408 房刘先生的电话。

"我是 1408 房的客人，明天我就要离开酒店了，我想带点你们这里的特产回去，可我对这里不是很熟悉，不知你能否帮我出出主意？"

小李以前也遇到过类似的情况，所以很热心地向客人介绍："刘先生，您好。我们这里的特产其实不少，但很多是时令产品。现在是冬天，也快过年了，我建议您买些广式的腊肉、腊肠回去，这也是我们这里的特产啊。"

"是吗？"客人犹豫了一会又说："腊肉、腊肠好是好，但我不知道哪里能买到放心的产品啊。我明天就要退房了，你看你是否可以帮我一个忙？"

"刘先生，您的意思是让我替您买一些送到房间？"

"对，对，对，我就是这个意思。"

"好的，刘先生。广州最出名的腊肉、腊肠就是广州酒家生产的，一般是按袋出售的。您需要多少袋呢？"

"每样3袋吧，真是太谢谢你了。"

"不客气。那您明天大概几点退房呢？"

"明天我大概上午11点退房，有问题吗？"

"刘先生，您放心吧。这件事我一定给您办妥。"

当晚下班后，小李先上网查询哪里有广州酒家的专卖店，第二天一早就去到专卖店购买了腊肉、腊肠各3袋，并在11点前交给了刘先生。

点评：

想客人之所想，急客人之所急。当客人提出特殊要求时，客房服务员应尽量满足客人的要求。从代客购买腊肉、腊肠可以看出，服务工作看似简单，其实真正做好并不容易，它需要客房服务员有一颗热诚的心，用心去服务，将客人的满意当作酒店服务所追求的目标。

任务准备

一、组建团队

本课程大部分内容的学习采取小组学习的方式进行，请在规定时间（15分钟）内自行组建学习小组（每组人数视班级情况自定）。

学生分好组后，以小组为单位坐在一起。每组选出组长、副组长，定出组名，制定小组格言，并记录在下表中。

表14　学习小组表

组名			
小组格言			
组长		副组长	
组员姓名	联系电话	组员姓名	联系电话

二、教师下发任务书

任务书

1. 任务目标

完成"广交会"参展商的楼层接待。

2. 任务要求

（1）确定选用的对客服务模式。

（2）分析"广交会"参展商的宾客类型。

（3）分析"广交会"参展商的服务需求。

（4）以小组为单位，设计楼层接待服务方案。每组的方案中至少包含一个常规服务项目、一个个性化服务项目。

（5）模拟表演楼层接待过程，另一个组选派一名学生充当宾客，可以在表演过程中设置一个疑难问题，表演小组现场处理突发事件。

（6）每组至少提出一个建设性的意见。

3. 活动规则

（1）各组自行做好计划书，明确分工。

（2）活动过程必须全体组员参与。

（3）要通过多种形式（照片、视频等）将活动过程记录下来。

（4）任务完成后，向全班同学汇报，并展示任务的完成过程。

（5）多种形式评价反馈。

任务实施

一、制定方案

（1）认真分析任务，并确定好任务实施方案。

表15 "广交会"参展商的楼层接待方案

内容	设计内容具体说明
对客服务模式	
宾客类型分析	
服务需求分析	
常规服务项目	

（续上表）

内容	设计内容具体说明	
个性化服务项目		
设置的疑难问题	1 组	2 组
	3 组	4 组
	5 组	6 组
	7 组	8 组

（2）准备相关用品、设施、设备和表格等。

二、确定人员分工

任务实施过程中要明确任务分工，组长要调动组员充分表达不同意见，形成职责清晰的任务分工表。

表 16　任务分工表

组员姓名	任务分工

三、过程监督

请各组成员在任务实施过程中做好过程记录，组长负责监督，全组共同完成进度监督表。

表 17　进度监督表

工作阶段	时间	进度描述	检查情况记录	改善措施以及建议

四、各组成员记录任务实施过程中的困难及收获

困难：＿＿＿＿＿＿＿＿＿＿＿＿＿＿＿＿＿＿＿＿＿＿＿＿＿＿＿＿＿＿＿＿＿＿＿＿＿＿

小组成员想到的解决方法：_____

本次活动的收获：_____

五、成果展示

每个小组在任务实施过程中，可以用各种形式把本组的学习活动记录下来，并将以下成果展示出来：

（1）简述"广交会"参展商的楼层接待方案。

（2）表演"广交会"参展商的楼层接待过程。

☑评价反馈

表18　个人评价表

学生姓名_____　日期_____

	评价内容	评价标准	评价方式	得分	评价权重
个人评价	是否服从安排	20	学生自评		30%
	团结协作	20			
	完成任务的情况	40			
	建设性意见	20			

表19　小组评价表

评价组_____　　被评价组_____　　日期_____

			评价内容	评价标准	评价方式	得分	评价权重
小组互评	1	2	方案的可操作性	20	小组互评		40%
	3	4	组员之间团结协作	20			
	5	6	方案完成的情况	30			
	7	8	宾客满意度	30	由充当宾客的学生填写		

表20　教师评价表

被评价组＿＿＿＿＿＿＿＿＿＿　被评价学生＿＿＿＿＿＿＿＿＿＿　日期＿＿＿＿＿＿＿＿＿

评价内容			评价标准	评价方式	得分	评价权重
组别	1	2	方案的可操作性	20	教师评价		30%
	3	4	组员之间团结协作	20			
	5	6	工作小结、工作页完成的情况	40			
	7	8	创新性	20			

表21　学习评价表

评价内容	评价权重	得分
个人评价	30%	
小组评价	40%	
教师评价	30%	
合计		

●学习目标

1. 分析新婚客人、参加婚礼的客人的服务需求；
2. 按楼层接待服务工作的接待规程，为"新婚包房"客人提供精细化的楼层接待服务；
3. 根据客人的不同需求，提供个性化的楼层接待服务；
4. 遇到紧急情况时，会根据安全预案处理；
5. 正确对待客人的意见和投诉，并提出合理建议。

学习情境描述

刘先生和王小姐打算在广州举行婚礼，亲朋好友齐聚华美宾馆为两位新人送上祝福。考虑到双方父母以及大部分亲朋好友都是从外地赴来的，刘先生提前包下宾馆9楼的所有房间，供亲朋好友休息。

学习情境分析

在这个学习情境中，客房服务员要对可能存在的宾客类型进行分析，并根据宾客的特点考虑其服务需求。可以从以下几方面考虑：

◆涉及的宾客类型：新婚夫妇、老年人、女性客人、儿童等。
◆房间的布置：蜜月房、老年人客房、女性客房、儿童房等。
◆对客服务：客房小酒吧服务、物品租借服务、客房送餐服务、加床服务、托婴服务、宾客离店时的工作等。
◆突发状况。
◆客人的意见和投诉。

知识链接

知识要点一　　　客房服务类型介绍

一、客房常规服务

根据《旅游星级酒店评定标准》规定，星级酒店客房部应提供以下服务：

1. 一星级

（1）客房、卫生间每天全面整理一次，隔日更换床单及枕套。

（2）每天有 16 小时提供冷热饮用水。

2. 二星级

（1）客房、卫生间每天全面整理一次，每日更换床单及枕套。

（2）每天 24 小时提供冷热饮用水。

（3）提供一般洗衣服务。

（4）应客人要求提供送餐服务。

3. 三星级

（1）客房、卫生间每天全面整理一次，每日更换床单及枕套，客用品和消耗品补充齐全。

（2）提供开夜床服务，放置晚安卡。

（3）每天 24 小时提供冷热饮用水及冰块，免费提供茶叶或咖啡。

（4）客房内一般要有微型酒吧（包括小冰箱），提供适量饮料，并在适当位置放置烈性酒，备有饮酒器和酒具。

（5）客人在房间会客，可应要求提供加椅和茶水服务。

（6）提供叫醒服务。

（7）提供留言服务。

（8）提供干洗、湿洗和熨烫服务。

（9）有送餐菜单和饮料单，每天 18 小时提供中西式早餐或便餐送餐服务，有可挂置门外的送餐牌。

（10）提供擦鞋服务。

4. 四星级

除了提供三星级服务外，还应提供以下服务：

（1）应客人要求随时进房清扫整理，补充客用品和消耗品。

（2）提供客衣修补服务，可在 24 小时内交还客人。每天 16 小时提供加急服务。

（3）有送餐菜单和饮料单，每天 24 小时提供中西式早餐、正餐送餐服务。送餐菜式品种不少于 10 种，饮料品种不少于 8 种，甜食品种不少于 6 种，有可挂置门外的送餐牌。

5．五星级

在提供四星级服务的基础上，对洗熨可以提出更高的要求，即要求每天 18 小时提供加急服务。

6．白金五星

在提供五星级服务的基础上，还应提供以下服务：

（1）视音频交互服务系统（VOD），提供客房内可视性账单查询服务。

（2）提供语音信箱服务。

（3）每天 24 小时提供加急洗衣服务。

二、针对性服务

1．针对性服务的内涵

不同的客人有不同的生活习惯、文化背景、宗教信仰、爱好和禁忌，所谓针对性服务，就是根据不同客人的需求和特点提供相应的服务。针对性服务强调灵活性，即在服务过程中随机应变、投其所好，满足不同客人随时变化的个性需求。针对性服务为客人提供针对个人特点的差异性服务，能让接受服务的客人有一种自豪感与满足感，从而使客人对酒店留下深刻的印象，并成为回头客。

2．针对性服务的要求

（1）强烈的服务意识：

不同的客人有不同的需求，提高针对性服务要求客房服务员有强烈的服务意识，真正树立"顾客就是上帝"的理念，在日常工作中做到细心观察、用心工作、想客人所想、换位思考。例如，住客有朋友到访，客房服务员应主动多加座椅和茶具，同时还应征求客人意见，询问是否需要订餐等服务。

（2）提高业务能力：

酒店业作为一个发展很快的行业，它所提供的服务始终以不同客人在不同时期的不同需要为中心，这就要求客房服务员要快速更新和掌握相关的业务知识。例如，当地的气候、旅游动态、航班信息等。同时，对于不同时期客人的需要、各地的风俗习惯等相关知识，客房服务员也应该有所掌握。

（3）建立客史档案：

建立客史档案是有效而直接地提供针对性服务、争取回头客的重要途径之一。例如，一位客人要睡高枕头，枕头忌讳朝西；另一位客人习惯晚睡晚起；还有一位客人有特别的个性需求，如洁癖等，这些要求仅靠服务员记忆是不可靠的，更不能长久。因此，客房部应把经常来店的客人的需求、习惯、癖好、忌讳都存入电脑，客人再次光临时，不用开口，服务员就能为其提供针对性服务。

（4）设立专门的服务项目：

制定相应规范，设立专门的服务项目，满足客人潜在的个性需求。例如，某酒店将入住 20 次以上的客人列为常客，并建立客史档案。客房的信封、火柴上面就印有其烫金的姓名；打开衣柜，一件合身定制的浴衣，也绣有其姓名。这样客人的身份在这里得到了体现，自尊得到了最大程度的满足。

三、预料性服务

所谓预料性服务，是指在客人到达酒店前，根据得到的客人需求信息做好接待前的准备工作。例如，某酒店在接待国际篮球赛球员入住时，客房部需提前整理好房间，加长床位，原因在于国际男子篮球队的球员身高多数在 2 米以上，而酒店的床一般都是 2 米长的。

为了做好预料性服务，客房管理者除了要善于总结接待服务的规律，按规律办事之外，还要在接待服务前了解住客有什么要求，有哪些忌讳或特殊爱好等，从而指导下属做好预料性服务。

四、超额性服务

所谓超额性服务，是指在完成客房规定的服务项目、内容之外，还给住客提供其他服务，如帮助客人寻找亲友、带客人看病、临时看护小孩等。

在做好超额性服务时，要注意两点：

（1）核实情况，确认哪些是宾客急需帮助的。

（2）树立宾客观念，讲究旅游职业道德，主动服务，不能在超额服务中向客人索取小费。

五、情感性服务

所谓情感性服务，是指在服务中对客人提供富有"人情味"的服务。情感性服务具体体现在以下几个方面：

（1）有语言的服务，而不是哑巴服务。这是指在服务中正确运用服务语言，谈吐文雅，应对大方得体，用好敬语。例如，客房楼层服务员第二次与客人见面时必须用客人姓名去称呼客人，让客人感受到自己被重视，从而产生一种亲切感和友好感。

（2）尊重客人，坚持微笑服务。在客房服务中要主动热情、殷勤好客，客房服务做到客人开口之前，让客人有一种宾至如归之感。

（3）营造客房温馨服务的气氛。在声、光、色、陈设等方面下功夫。

📖 阅读材料

儿童的针对性服务

酒店服务中有许多特殊的客人，儿童就是其中的一类。酒店需要为儿童提供针对性服务，赢得了孩子就是赢得了整个家庭。儿童的针对性服务主要包括以下几个方面：

第一，请客人在入住前提供儿童的名字和年龄，以方便酒店做好如下准备：

（1）为小客人安排欢迎活动。

（2）提供儿童浴衣。

（3）提供免费的婴儿用品，包括枕头、毯子、一次性纸尿裤及洗漱用品等。

（4）提供免费的睡前牛奶和饼干。

（5）在餐厅和房间餐饮服务中提供儿童菜单。

第二，在条件允许的情况下，如有需要可提供如下服务：

（1）提供免费的婴儿床或滑轮拖床。

（2）提供免费的婴儿浴盆和儿童就餐椅。

（3）提供免费的抽湿机、消毒器、奶瓶及奶瓶保温器。

（4）提供有关保护儿童安全的各项房间装置。

（5）提供儿童 DVD。

第三，从安全角度考虑，为避免客房内发生事故，可以采取下列措施：

（1）在有儿童的房间门上悬挂专门标志。

（2）在客房家具拐角处添加软包，在门把手上加罩，把玻璃杯、烟灰缸、垃圾袋等不安全因素收起来，同时用醒目的标志告知家长，如有需要从何处取出这些物品。另外，确保客房内没有能够伤及孩子头部或身体的尖锐物或突出物。

（3）仔细观察房间四周，彻底消除潜在的安全隐患。

（4）酒店提供的婴儿床确保牢固、安全。对于 1 米以上的儿童，酒店应建议加床，不要和父母同床，以免发生跌落事故。

（5）告知儿童的父母，儿童使用卫生间时要有家长陪同，避免烫伤、跌倒。

（6）将电源插座专用保护插头插入，避免触电。

（7）监控室要时刻关注电梯和楼层的情况，一旦发现儿童独自乘坐电梯或独自在楼层走廊玩耍，要及时通知客房中心和大堂副理，以免发生意外。

六、客房细微服务

客房是宾客的"家外之家"，也是酒店利润的重要来源。打造温馨舒适的客房既是宾客的需求，也是酒店追求的目标。酒店在做好日常服务的同时，可根据住客类型的不同，深挖服务潜力，打造更有魅力的酒店客房服务。

1．设计服务提示卡

客房对客服务大部分是背靠背的幕后服务。员工对宾客需求的判断来源是客房内宾客休息后遗留下来的信息，这需要员工主动地凭借经验去推断和揣摩。但由于员工经验丰富程度不同，宾客的习惯不同，服务员提供的服务可能会引起宾客的误会。因此，员工与宾客之间的沟通十分必要，而服务提示卡就是一种便捷有效的方式。

在对客服务中，常见的服务提示卡主要有以下几种：

（1）宾客联系卡：

由于客房服务为背靠背的幕后服务，当服务员为宾客提供了个性化服务时，要提醒宾客，以免发生误会。比如，将宾客散落在床上的衣物全部悬挂在衣橱里，如果不用宾客联系卡提醒，宾客返回时可能会因找不到衣服而引起不必要的误会；客房部服务员为饮酒宾客提供解酒蜂蜜水，如果不用宾客联系卡告知宾客，宾客不知道杯子里是什么、是不是收费的，等等。因此，宾客联系卡主要是将服务信息告知宾客，让宾客了解客房服务的内容和程序，以减少误解。

（2）客用品索引图：

酒店客房客用品分为两类：一类是房间内配备的物品，一类是宾客租借的用品。由于酒店的档次、客源市场以及宾客使用的频率不同，不同的酒店会有所不同。同是房间配备物品，房间结构和空间设计不同，客用品摆放的位置也有所不同。由于以上两种原因，宾客在判断房间配备品和租借用品以及摆放位置时，可能会产生困惑。在实际工作中，经常会出现房间内已经配备租借用品，但宾客仍打电话到房务中心要求租借的现象。因此，客房部制作一个客用品索引图，将房间内所有的配备客用品按字母的顺序排列，然后在物品后边写上存放的位置。宾客需要时，按字母查找，十分方便。

（3）"请勿打扰"房沟通卡：

在日常清扫客房时，服务员经常遇到"请勿打扰"房。一般的处理程序是时时观察房态变化，一旦取消"请勿打扰"，就要尽快安排清扫。等到下午2点时，如果"请勿打扰"不取消，客房服务员会电话征询宾客何时方便清扫。这种做法不仅给服务员带来更大的劳动量，需要时刻观察"请勿打扰"房，而且用电话询问宾客清扫时间也会有打扰宾客之嫌，有时还会发生因宾客误操作将"请勿打扰"开关打开，服务员没有清扫房间，而产生投诉。

如果酒店设计一张"请勿打扰"房沟通卡就不会出现这种情况。当"请勿打扰"牌挂上或"请勿打扰"灯亮起时，服务员将写着房务中心电话的沟通卡从门缝塞入宾客房间，告知由于其房间为"请勿打扰"房，现在无法清理，待宾客方便时，可致电房务中心。

（4）清洗茶杯提示卡：

服务员在清扫房间时，发现宾客在客房内用茶杯泡茶或者里面有类似药的物质时，往往不知道该不该清洗茶杯。有时清洗了，宾客回来投诉，称其刚泡好的贵重茶叶、中药、补品等被服务员倒掉，要求索赔；有时不清洗茶杯，又会受到宾客不清洗茶杯的投诉。因此，在洗不洗茶杯上，服务员往往陷入洗与不洗两难的境地。酒店可以设计一个清洗茶杯提示卡放在茶杯边，提示宾客，如果不想让服务员清洗茶杯，可将此卡系在杯盖上，以减少彼此的误会。

（5）夜床开启提示卡：

夜床服务是星级酒店客房服务的一项重要内容。有些经常住酒店的宾客知道有此项服务，在房间内不敢脱衣服，但可能等到晚上10点多也没有服务员开启夜床，打电话才知道，为了不打扰宾客，一般夜床开启至晚上9点，由于当天房间出租率较高，服务员在9点前，没有开到该宾客的房间。如果需要，可立即去开夜床。

在实际工作中，服务员提供夜床服务时，往往会遇到宾客正洗澡或者会客，对宾客有所打扰。解决此类问题，建议酒店设计制作夜床开启提示卡，放在写字台上，提醒宾客，酒店的夜床服务提供至晚上9点，为不打扰宾客休息，9点以后不再开启夜床。如有特别需要的宾客，可打电话通知房务中心。

夜床开启提示卡

（6）客衣送回提示卡：

洗衣服务是酒店客房对客服务的重要内容。近年来，由于洗衣质量原因而发生的纠纷日益增多，但在处理过程中，酒店往往败诉。究其原因，是酒店在送回衣物时没有履行宾客验收手续。等宾客发现问题后，酒店需要承担相应的责任。为减少此类问题的发生，建议酒店设计制作客衣送回提示卡。当送洗衣服送回宾客房间时，如果宾客不在房间，可在其房门上悬挂客衣送回提示卡，告知宾客在送回衣服时，宾客不在房间，等其回到房间可拨打房务中心电话，将洗好的衣服立即送回验收，避免因未验收而要承担责任的风险。

（7）客房维修单：

客房内的设备和用品的完好是做好对客服务的保证。虽然服务员在清理房间、领班在查房时会对设备进行检查，但还是会出现下水道不畅、电视信号不清晰、宽带速度过慢等问题，而这些问题往往只有在使用时才能发现。因此，可以设计专门的客房维修单，让宾客填写，服务员清理房间看到此卡时可立即联系维修，而不是等到宾客投诉时才去解决。

2. 学会解读宾客需求

宾客的需求分为说出口的需求和未说出口的需求。对于宾客说出口的需求，如果是酒店分内的事情，酒店应按程序办理，超出酒店服务范围的酒店也应尽力去做，完成了宾客会满意；做不了，宾客也会谅解。

衡量一家酒店服务水平的高低，要看满足宾客未说出口的需求的程度。做好此类服务，离不开员工良好的服务意识和敏锐的观察能力，更需要酒店管理制度方面的保障。

（1）根据宾客消费习惯，提供针对性服务。

服务员在清扫房间时，房间遗留下的许多痕迹会让服务员捕捉到宾客的一些消费习惯，服务员可以根据这些习惯，开展针对性服务。例如，为把浴巾当成枕头的宾客提供荞麦硬枕头；为喜欢在床上上网的宾客提供床用的小电脑桌；为使用客房酒吧较多的客人，根据前一天消费的酒水种类多配备几瓶同样的酒水；为在客房内办公的宾客，多提供些信纸和一些办公用品等；当发现宾客房间有自带的水果时，应主动清洗干净，并配备洗手盅、水果刀和餐巾纸；当发现宾客携带有较多衣物时，应主动添加衣架，等等。

更为重要的是，服务员应将宾客消费习惯的记录及时补充到宾客的客户档案中，并在部门内部强化培训，做到服务的持续性。

（2）捕捉信息，创造惊喜服务。

有些宾客住店期间会产生酒店分外的服务需求，员工应及时把握，创造惊喜服务。比如，发现客房内摆放有药片，应给客人倒好凉开水，并用暖瓶打好热水，留下纸条告知客人将热水兑好凉开水就可以服药了，并祝愿宾客早日康复。或者，可根据宾客生病的大体类型，做一些个性化服务，如为感冒的客人送上一杯姜汤；为嗓子不舒服的客人送上一杯精心熬制的梨汁或一包金嗓子喉宝；为胃不好的客人送上暖水袋等。这些服务案例虽然"貌不惊人"，但都能体现酒店真正塑造"家外之家"的服务理念，将本来不属于酒店服务的分外事主动做好，便会让宾客惊喜，对酒店印象深刻。

3. 对不同客人提供不同服务

（1）对初次入住宾客的服务：

初次入住酒店的宾客不熟悉酒店的情况，酒店也不熟悉宾客的情况，宾客对酒店既有新鲜感也有陌生感。对于这种初次入住酒店的宾客，服务的第一印象十分关键。

针对初次入住的宾客，客房部要做好信息的收集，利用和宾客的接触，比如行李服务、用餐服务等，捕捉宾客服务需求，并将相关信息传递到责任部门，积极提供各种细微服务，进一步加深客人对酒店的良好印象。

（2）对回头客的服务：

回头客对酒店情况、服务比较熟悉，与部分酒店人员也十分熟识。酒店回头客既认可酒店的产品和服务，同时又具有喜新厌旧的特点。因此，做好回头客的服务工作，既简单又有挑战性。

做好回头客服务首先要建立回头客档案。详细的档案可使每一个新老服务人员有章可循，使所提供的服务始终如一。在收集宾客档案时，不要将宾客临时的要求错认为他的习惯，继而提供多余的服务，令服务多此一举。此外，在为回头客提供细微服务时，还应根据实际情况灵活变化，给宾客新鲜感甚至惊喜，避免重复无新意的服务，让客人感觉呆板。

把握时机，为回头客提供方便。例如，在酒店房间紧张时也应满足其住房需求；能为回头客提供快速入住和快速退房服务；在客人外出用餐时，及时进房整理，送上客人喜欢看的报刊等。

（3）对儿童客人的服务：

儿童客人虽然在酒店中的比例不高，但服务好、关注好儿童宾客，对提升宾客满意度和回避风险会产生积极作用。安全、卫生、舒适是让他们满意的重要标准。

儿童客人根据年龄可以分为婴儿、幼儿和少儿，酒店服务的重点因儿童年龄的不同也有所不同。例如，婴儿入住时，酒店可以增加浴盆、消毒器、奶瓶及奶瓶保温器等，并做好床铺、沙发的保护措施，避免便溺污染。幼儿和少儿入住，都要特别关注安全，可用安全防碰条做好桌面、家具边缘的防护工作，以免碰伤他们；用安全插头插入他们容易触到的电源插座，防止触电；多与家长交流，提醒设施、设备存在的安全隐患，共同做好防护措施。除安全外，客房内还需配备一些生活用品，例如，儿童用的小马桶、儿童玩具、儿童洗漱用品等。为防止儿童涂鸦污染墙壁和家具，可配备小黑板或一些纸张。

（4）对女宾客的服务：

女宾客由于性别原因与男宾客在消费习惯上存在一些不同，在服务上应该区别对待。例如，女士入住客房，要撤出剃须刀等非女士用品，适当添加化妆棉、擦手纸、毛巾等物品；根据头发的长短，决定是否添加梳子、扎头绳；根据宾客衣服的多少，适当增加衣架数量；卫生间云台上准备一个小盘子放置客人的化妆品；明显位置可放置温馨天气提示，提供穿衣指数。发现女性生理周期时，可配备红糖、大枣、暖水袋等。

阅读材料

酒店客房细微服务

要使顾客高兴而来，满意而归，光凭标准、严格、规范化的服务是不够的，只有在规范化的基础上，逐渐开发和提供个性化服务，才能给客人以惊喜，让客人感觉到"宾至如归"，使客人"流连忘返"。下面列举几个细微服务项目，供大家参考：

（1）绝大多数客人晚上休息时，喜欢将客房的遮光窗帘拉合好，这样才会睡得香甜，因而客房服务程序中规定对住客房间开夜床。然而有的客人却因一天的工作劳累，常常一觉到天明，为了不影响第二天的繁忙工作，希望将遮光窗帘中间留出一条缝，这就需要细心的服务员发现、分析和判断，在开夜床时提供客人满意的服务。

（2）服务员早上清扫房间时发现，客人将开夜床时已折叠好的床罩盖在床上的毛毯上，再看空调是23 ℃。这时服务员立即主动加一条毛毯给客人，并交代中班服务，夜床服务时将温度调到26 ℃左右。

（3）服务员为客人清扫房间时，发现客人的电动刮须刀放在卫生间的方石台面上，吱吱转个不停，而客人已不在房间。分析客人可能因事情紧急外出，忘记关掉运转的刮须刀，这时，服务员要主动为客人关闭刮须刀开关。

（4）服务员清扫房间时，发现一张靠背椅靠在床边，通过不断的观察，才发现床上垫着一块小塑料布，卫生间还晾着小孩衣裤，服务员这才明白，母亲怕婴儿睡觉时掉到地上，故随即为客人准备好婴儿床放入房间。

（5）服务员清扫房间时，发现床单、毛毯、床垫等各处都有不同程度的污秽。服务员马上意识到，是客人外出旅游因饮食不慎引起肠胃失调，应将所有脏的物品更换一新，还应通过楼层主管及时与导游联系，并通知医生及时治疗，让客人得以康复。

（6）服务员清扫房间时，发现暖水瓶盖开着，不知是客人倒完开水，忘记盖好瓶塞，还是客人喜欢喝凉开水，故意打开瓶塞的。疑虑不解，难以断定。为满足客人的需要，服务员为客人送去了凉水瓶装满的凉开水；同时，又照例更换好了新的开水。

（7）服务员发现客房中放有西瓜，想必天气炎热用来解暑。服务员主动为客人准备好了托盘、水果刀和牙签。

知识要点二　　　不同类型宾客的服务方法

一、对新婚客人的服务

新婚客人的特点：追求房间布置，心情愉悦，期待热闹气氛，讲究好意头。

1. 入住之前

当接到布置新婚房的通知或发现度蜜月的客人时，服务中心应立即通知新婚房所在班组及综合组的督导。

入住房间进行喜庆布置，例如，将床上用品换成新婚房专用的系列用品；在房间各处如房门、灯罩、镜面等处张贴"喜"字；用彩色饰品点缀天花板；应客人要求将壁画换为结婚照或将镜子用红纸封起来。

2. 住店期间

准备绣有"喜"字的红色拖鞋，用巾类折叠鸳鸯，祝福客人相亲相爱，备足座椅、开水、茶叶、杯具、托盘、烟缸等，以备有亲朋好友造访。

根据习俗赠送好兆头花果：

插花——红掌或百合（取"百年好合"之意）。

果盘——柑橘及利是糖（取"大吉大利"之意）。

点心——大枣、花生、桂圆、莲子（取"早生贵子"之意）。

尊重风俗——中式的婚礼一般根据当地不同的习俗而有较严格的讲究。服务人员不但要对这些讲究有充分的了解，还要通过服务认真配合，符合民间好"兆头"的风俗。

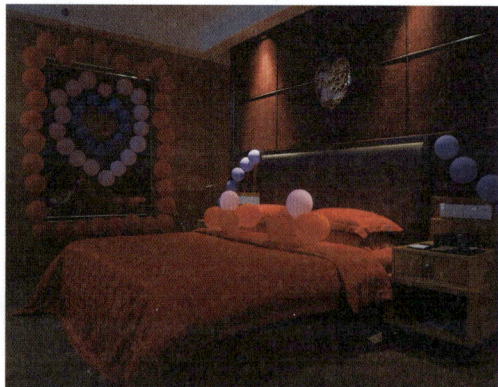

新婚房

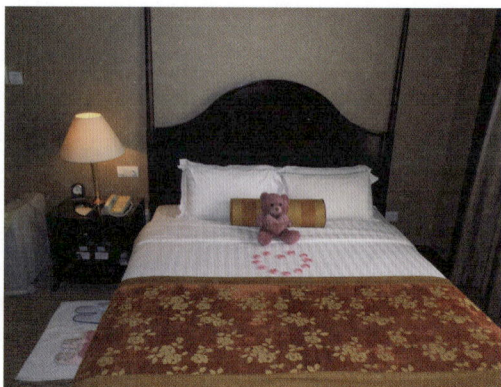

蜜月房

二、对长住房客人的服务

酒店的长住房收入是酒店客房收入的重要组成部分，而长住房数量的增加与高质量的客房服务密不可分。长住房服务有别于普通客房服务，它要求每一位服务者花费更长的时间和精力让长住宾客真正感受到酒店"家外之家"的温馨。其服务的特点是事无巨细，体贴入微，个性服务，想客人之所想。

1. 入住之前

（1）客房中心在接到长住预订时，迅速将信息反馈到部门相关服务岗位。

（2）客房部长住小组负责人主动联系营销人员了解宾客的第一手信息，如宾客性别、住店时间、住店原因及有无居住禁忌等等，务求尽可能的详细。

（3）根据客人的特点对房间进行针对性布置，如在房间增加晾衣杆、衣柜、书柜等物品，如该客人为酒店熟客，则根据客人以往居住习惯布置房间并调整房间灯光，使房间更加明亮。

（4）检查好房间各类设备，包括电器用品以及所附说明书是否齐全，是否按即将到来客人的语种准备。

2. 住店期间

了解客人的基本情况，如发现习惯使用左手的客人，则将房间物品以客人顺手的位置摆放；了解客人的基本作息时间，如知道客人上下班的时间，以便合理安排清扫时间；了解客人的基本喜好，如客人兴趣爱好（如音乐、运动、茶艺、中国文化等）、食品喜好（如爱吃甜食等）或各种禁忌（如洁癖、讨厌异味、难忍噪音等）。

（提示：服务员在了解的基础上特别注意尊重客人习惯以争取赢得客人的信赖。）

三、对老年人的服务

老年人入住的客房，其设施、设备和客房服务强调安全性和舒适性，例如，改用硬质的床板、使用加厚型的棉被、地面注意防滑等。

对年老体弱者，应根据其年岁大、视力听力弱、记忆差、反应迟钝、行动不便等特点多加关照，服务工作要细心周到，有耐心。例如，将酒店提供的免费早餐送到房间，供行动不便的老年人享用等。

🌐 阅读材料

客房服务的升华

宾客入住酒店，客房服务员可以在特别的日子里为客人送上特别的祝福：

（1）生日——在这个特别的日子里，主动为该客人送上：

◆一个酒店专门为其制作的生日蛋糕。

◆一盆精心设计的艺术插花。

◆一张满载全体服务人员祝福的贺卡。

◆一份期盼已久的礼物。

◆现场表演制作一碗富有中国传统特色的"长寿面"。

◆安排策划举行一场别开生面、温馨浪漫的生日晚会。

（2）结婚周年纪念日——在这个值得回忆的日子里：

◆精心布置一个中国式的新婚"洞房"，让他们再次回味新婚的甜蜜。

◆鲜红的"喜"字，温馨烂漫的粉红床罩。

◆请他们喝下甜蜜的"交杯酒"。

◆当他们费了九牛二虎之力终于吃到"七上八下"的苹果——一切恍如昨日却又那么的新鲜特别。

（3）外国客人的传统节日（如圣诞节）：

◆主动送上鲜花礼品和一声节日的问候。

◆在其房间摆上一棵挂满饰品的圣诞树。

◆在其房门贴上五彩缤纷的饰带。

◆在其餐桌上放上一篮带着家乡气息的特色水果。

◆从房间音响中传出的一曲曲节日歌声，一切令他仿佛身在故乡。

（4）当获悉客人得到某项荣誉，取得某种成就或荣升了较高职位时：

◆在客人回房时主动送上一束鲜花和众位服务员的衷心祝贺。

◆视情况为其举行一个小小的"庆功宴"。

🧠 开动脑筋

你是华欣酒店21楼的客房服务员，你工作时发现了下列一些情况，你该如何处理？

◆发现房间有奶粉。

◆发现房间垃圾桶里有纸尿裤。

◆发现有幼童独自在房间。

◆发现儿童在通道或电梯内奔跑或玩耍。

◆客人需要代为照看儿童。

你是泰安酒店的客房服务员，你负责的楼层有一位长住客，在客人房间发现以下现象，你该如何处理？

◆客人常将一枝干枯的花保留在花瓶内很长时间。

◆客人使用自购的大枕头。

◆客人将脏衣服泡在脸盆里。

知识要点三　　　楼层接待服务特殊情况处理

一、宾客投诉的处理

在楼层接待服务的过程中，无论酒店的房间多么舒适、豪华，无论服务人员和管理人员在服务上下了多大的功夫，总会有某些客人对酒店的事、人或物表示不满，并提出相应的批评和建议，这就是投诉。如何接待投诉客人，如何处理客人投诉，对提高酒店的服务质量和管理水平起着重要的作用。

1. 宾客投诉的原因

就客房部而言，宾客投诉的原因主要集中在以下几个方面：

（1）客房硬件方面的原因：

①设施、设备出现故障或达不到标准。设施、设备是为客人提供服务的物质基础，是酒店客房的基本配备。客人对硬件设施、设备最基本的要求是功能齐全且完好无损。如果设施、设备出现问题，如空调调节不灵、卫生间马桶不冲水等，即使服务员的态度再好，也会引起客人极大的不满。

②客房环境不佳。客房环境不佳引起投诉，例如，客房不清洁、客房布置不符合客人的喜好等。

（2）客房服务不到位：

①服务形象不佳。客房服务员在服务过程中服务意识不强、态度不佳、仪容仪表不整洁等引起客人投诉。例如，某服务员冷淡的态度、无理粗暴的语言、嘲笑戏弄的行为等。

②服务技艺不够娴熟。这部分投诉的产生主要是因为服务员服务技艺、服务效率等方面没有达到客人的预期要求及期望。例如，客人打电话要服务员送一卷纸巾到房间，服务员半个小时后才送来，客人极可能因此而对酒店的服务不满意。

③酒店管理不善。这部分投诉的产生主要是因为客房接待服务过程中产生的客人财物被盗、休息时受到噪音干扰等方面的因素造成的。例如，某房间客人整晚大声吵闹，酒店没有及时采取有效措施，严重影响隔壁房间客人休息。

④洗衣服务、叫醒服务、代办服务中的问题。高星级酒店的客人对这几项服务的投诉比较多见。例如，客人的貂皮大衣被洗衣房洗坏了，客人因没被叫醒而错过航班等。

（3）客人方面的原因：

这部分的投诉主要是因为客人醉酒、情绪低落、对酒店的有关制度、规定不了解或产生误解等方面的因素造成的。例如，客人抽烟时将地毯烧了一个大洞，服务员发现后通过正常途径请客人赔偿，客人对此极度不满。

（4）第三方的原因：

由于天气恶劣、航班改期或取消给客人带来不便，使客人某些计划落空，客人将不满转嫁给酒店。

2. 宾客投诉的方式

客人投诉的方式主要有电话投诉、书面投诉和当面投诉三种。在楼层接待服务过程中，服务人员受理最多的是电话投诉和当面投诉。当面投诉的发生一般是客人直接向大堂副理投诉，而书面投诉一般指的是客人填写的"宾客意见书"。

客人意见征询表
GUEST QUESTIONNAIRE

致：总经理
TO:GENERAL MANAGER

请将此意见征询表交给大堂副理或宾客关系主任，他们将会交给总经理。
Please hand this questionnaire to our Assistant Manager or Guest Relation Officer who will forward it to the personal attention of the General Manager

尊敬的宾客：

　　承蒙惠顾，十分荣幸，谨祝您此行愉快、惬意！
　　提供优质的服务是襄龙湾天然温泉度假村全体员工的一贯宗旨，而您极具价值的意见和建议将是我们保持和提高服务水准的依据。如能百忙之中完成此调查表，我们将不胜感激！
　　真诚感谢您的光临并期待您的再次下榻。

此致
总经理

Dear Guest(s),
We take great pleasure in welcoming you to our hotel and wish you have a pleasant and enjoyable stay.
We are devoted to provide high quality service to our guests and it can be to maintained and improved our service with your Valuable comments and suggestions. We would appreciate if you could take the time to complete this questionnaire.
Thank you for your patronage and we look forward serving you in the near future.
Yours sincerely,
General Manager

宾客意见书 1

1.总的来说，您最满意酒店的哪些方面？ / 1.Overall,what did you like best about your stay with us?

2.您觉得我们哪些方面还需要改进，会让您更满意？ / 2.How could we improve your overall stay?

3.我们的员工是否亲善友好，细致高效，对您关怀备至？ / 3.Did our employees take care of you in a friendly,efficient and responsive manner?
□ 是 / □ Yes
□ 否 / □ No

4.请告诉我们让您印象最深刻的服务人员的名字。 / 4.Please let us know the names of any employees with whom you had a particularly memorable interaction.

5.您是我们常客积分奖励计划的会员吗？ / 5.Are you a member of the Da Cheng Hotel?
□ 是 / □ Yes
□ 否 / □ No
如果不是您愿意加入我们吗？ / If you are not,would you like to join us?
□ 愿意 / □ Yes
□ 不愿意 / □ No

※加入常客会员，可享消费积分兑换酒店代金券，详询商务中心，内线直拨:80122 / ※Join in Member Points Award Program,more details please contact business center. Inside direct dial telephone:80122

房间号码 / Room No.
宾客姓名 / Guest Name
联系方式 / Contact Details
入住日期 / Date Of Stay

※感谢您反馈的意见。请在离开酒店前，将此卡片交给前台。 / ※Thank you for your feedback. Please drop off this card at the front desk.

宾客意见书 2

3．不同类型的投诉客人

（1）理智型：

这类客人在投诉时情绪显得比较压抑，他们试图以理智的态度、平和的语气和准确清晰的表达，向受理投诉者陈述事件的经过及自己的看法和要求，善于讲道理。

（2）火爆型：

这类客人很难压抑自己的情绪，往往在产生不满的那一刻就高声呼喊，言谈不加修饰，一吐为快，不留余地；动作有力迅捷，对支吾言词、拖拉应付的工作作风深恶痛绝，希望能干脆利落地解决问题。

（3）失望痛心型：

这类客人情绪起伏较大，时而愤怒，时而遗憾，时而厉声质询，时而叹息，对酒店或事件非常失望，对自己的遭遇或损失痛心不已。

4．宾客投诉的处理程序

不同性质的投诉，在处理程序上有繁简之分，在处理速度上有快慢之分。一般情况下，酒店处理投诉的程序如下：

（1）倾听客人诉说。

（2）请客人移步至不引人注意的一角，对情绪冲动的客人或由外地刚抵店的客人，应先奉上茶水或其他不含酒精的饮料。

（3）耐心、专注地倾听客人的陈述，不打断或反驳客人，用恰当的表情表示自己对客人遭遇的同情，必要时做好记录。

（4）区别不同情况，妥善安抚客人。对住宿的客人，需安置在大堂吧稍作休息；对即将离店的客人，可请他们留下联系电话或地址，为不耽误他们的时间，可请客人先离店，明确告诉客人给予答复的时间。

（5）着手调查。必要时向上级汇报情况，请示处理方式，给出处理意见。

（6）把调查进展情况与客人进行沟通，向客人做必要解释，争取客人同意处理意见。

（7）向有关部门落实处理意见，监督、检查有关工作的完成情况。

（8）与客人保持联系，并再次倾听客人的意见。

（9）把事件经过及处理整理成文字资料，交部门存档，并定期分析，以避免同类事件再次发生。

案例分析

张先生深夜到达酒店，行李员带他进入客房后，将房卡交给他时已将近12点。行李员介绍完客房设施后到卫生间为张先生放水洗澡。张先生看到行李员亲自调节水温，几分钟后，行李员出来说："张先生，水已经放好，您洗个澡早点休息吧。"张先生暗自赞叹酒店服务真不错。

行李员走后，张先生脱衣去洗澡，却发现浴缸里的水是冷水，打开热水龙头放出的也是冷水。于是他穿好衣服打电话到客房服务中心，服务员回复说："对不起，晚上12点以后无热水供应。不过，如果您需要的话，我让楼层服务员给您烧一桶热水送到房间，好吗？"张先生对酒店能破例为自己提供服务表示感激。

放下电话，张先生开始等待。半小时过去了，他看看表已经差不多凌晨1点了，可是热水还是没有送来。张先生想也许是深夜单独烧热水不太方便，需要多等一会。又半个小时过去了，热水还是没有送到。张先生再次打电话询问，服务员回复说："什么，还没给您送去？我已经跟楼层服务员说过了啊。要不我再打电话催催。"

张先生说："不用了，你把楼层服务台的电话告诉我，我自己问问吧。"张先生按服务员提供的号码拨通电话，服务员的回答是："什么？送水？我们酒店晚上12点后就没有热水了啊……"

点评：

在此案例中，张先生对行李员的贴心服务非常满意，客房服务中心服务员的言语也让客人感到自己备受酒店重视。酒店规定晚上12点后不再提供热水，这并不会引起客人的投诉，但酒店承诺客人为其送热水到房间却未做到，这让客人对酒店的服务非常失望。实际上，客人并非一定要洗这个澡，但因为服务员答应了提供热水才使客人白等了一个多小时，结果澡没洗成，觉也没睡好，还生了一肚子的气。

二、突发事件的应急处理

（一）停电的应急处理

停电事故可能是由于外部供电系统引起的，也可能是由于酒店内部设备发生故障引起的。

1. 报告

发现停电后，服务员不要大声呼喊、惊慌，应立即报告客房中心，由客房中心再通知工程部及保安部。

2. 到现场

（1）持手电筒立即赶到现场，检查应急灯是否正常。

（2）对客人做好安抚工作，及时向客人说明是停电事故，酒店正在采取紧急措施恢复供电，以免客人惊慌失措。

（3）帮助客人解决临时问题，如在夜间，使用应急灯照亮公共场所，帮助滞留在走廊和电梯里的客人转移到安全的地方。

（4）协助保安人员维护现场秩序，加强客房走廊的巡视，防止客人点燃蜡烛，以免引起火灾，防止有人趁乱盗窃等。

3. 供电后

（1）如有客人投诉，要做好解释工作。

（2）检查电气设备是否恢复正常运行。

（3）检查有关设备有无损坏。

4. 做好工作记录，详细记录事件的整个过程

（二）停水的应急处理

停水事故可能是由于外部供水系统引起的，也可能是由于酒店内部设备发生故障引起的。

1. 报告

服务员发现停水后应立即报告客房中心，由客房中心再通知工程部及保安部。

2. 到现场

（1）及时向客人说明是停水事故，酒店正在采取紧急措施恢复供水，做好客人的安抚工作。

（2）帮助客人解决临时问题。如果停水时客人正在冲凉，应及时送水到客房。

（3）如有客人投诉，要做好解释工作。

3. 做好工作记录，详细记录事件的整个过程

（三）火灾事故的处理

酒店客房因客人卧床吸烟、乱扔烟头、私自使用高功率电器、带易燃易爆物品进房等原因引起的火灾时有发生，有时也会因电线短路、设备老化等原因引起火灾。

1. 发现火情时的处理

（1）立即使用最近的报警装置，如立即打破手动报警器玻璃，发出警报。

（2）用电话通知总机，并讲清着火位置和燃烧物质。

（3）迅速利用附近合适的消防器材控制火势，并尽力将其扑灭。

（4）关闭所有电器开关。

（5）关闭通风、排风设备。

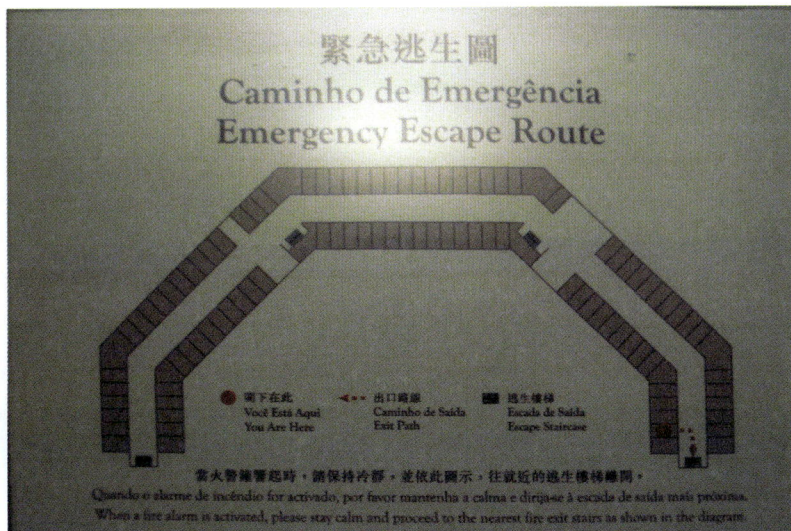

安全指示图

（6）如火势已不能控制，应立即离开现场。

2．听到报警信号时的处理

（1）服务人员首先要能辨别火警信号和疏散指令信号。

（2）服务人员听到火警信号后，应立即查看火警是否发生在本区域。

（3）无特殊任务的服务人员应照常工作，保持镇静、警觉，随时待命，同时做好宾客的安抚工作。

（4）除指定人员外，任何员工在任何情况下都不得与总机联系，全部电话线必须畅通无阻，仅供发布紧急通知。

3．听到疏散信号时的处理方法

（1）迅速打开太平门、安全梯，有组织、有计划、有步骤地疏散宾客。

（2）疏散时，要通知宾客走最近的通道，千万不能使用电梯。

（3）紧急疏散时，客房服务人员应帮助宾客通过紧急出口离开，特别要注意照顾伤残宾客的撤离。

（4）发现门下有烟雾冒出，应先触摸此门，如很热，则不能开门；但房内如有住客，应立即进房营救。

（5）楼层主管逐间查房，确认房内无人，并在房门上做好记号。

（6）各楼梯口、路口都要有人把守指挥，以便给客人引路。

（7）在撤离时如有可能最好将重要文件资料及现金带上。

（8）待客人撤离至指定地点后，客房部员工及前厅服务人员一起查点宾客。如有下落不明或还未撤离人员，应立即通知消防队员。

（四）宾客财物被盗的处理

住店客人的财物被盗后，客人直接通知公安局的有关部门，这叫作"报案"。客人没有报公安局，而是向酒店反映丢失情况，这属于"报失"。无论是"报案"还是"报失"，酒店领导、客房服务员、公安局都应该帮助客人调查失窃原因，积极反映有关情况，尽快解决客人提出的问题，把自己分内的工作做好。

1．报失后的应急处理

（1）客人向酒店服务员报失财物后，服务员应马上向上级领导汇报，并由领班或主管及时向客人了解情况，问清客人丢失物品的名称、特征、丢失的时间、丢失前什么时候在什么地方最后一次看到过此物等情况。另外还要弄清客人在丢失前都去过哪些地方、买过什么东西、在房间是否会过客以及丢失了哪些东西等情况。

（2）问清情况后，安慰客人不要着急，请他再次仔细查找，并征求客人意见是否报案。如果客人不要求报案，只是要求我们帮助查找，客房服务员也应及时把情况汇报领导，听取领导的处理意见。如果客人要求报案，酒店应给客人提供方便，让客人自己到公安机关（或打电话）报案。

（3）如果被盗财物涉及某一服务人员，在未掌握确凿证据之前，客房服务员不可妄下结论，也不可盲目相信客人的陈述，以免损伤别人的自尊心。要坚持内紧外松的原则，细心查访和找寻。

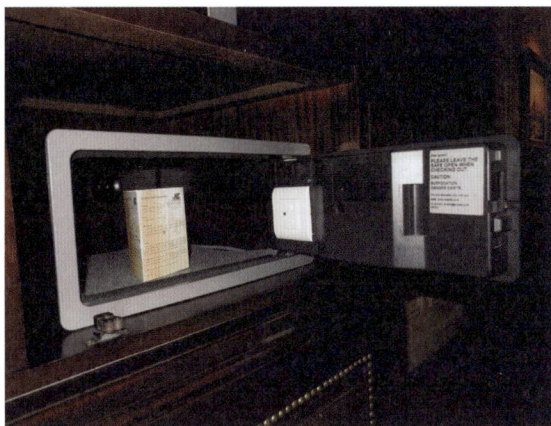

房内保险箱

（4）做好盗窃案件查破结果的材料整理和存档工作。

2．注意事项

（1）客人报失（报案）后，客房服务员只能听取客人反映的情况，不要下任何结论或说一些否定语言，以免为今后的调查工作增加难度。

（2）客人报失（报案）后，客房服务员绝不能到客人房间查找，以免发生不可想象的后果。

（3）客人报失（报案）后，客房服务员应采取积极协助的态度，及时向领导或公安局有关部门反映情况。

（4）特殊情况下，要保护好现场。

（五）醉酒客人的处理

宾客醉酒现象在酒店时有发生，其处理方式因人而异，一般应根据醉酒客人的情况提供相应的服务。有的客人醉酒后大吵大闹或破坏酒店财产，客房服务员遇到这样的情况，应立即通知上级和保卫人员，必要时可协助保卫人员将其制服，以免打扰其他住客或伤害自己。

1．住店客人醉酒处理

（1）发现醉酒客人要注意其醉酒的程度及行为。

（2）遇到重度醉酒的客人应及时报告上级及保卫部门。

（3）遇到轻度醉酒的客人应劝其回房休息。

（4）提供相应服务，将纸巾、热水瓶、茶杯、垃圾桶等放在床边，方便客人取用。

（5）特别留意此房的动静。

（6）将房间的火柴、打火机撤出，以防意外。

（7）交接班时要做好相应的记录。

2．店外客人醉酒处理

（1）如发现醉酒客人为店外客人，要注意其醉酒的程度及行为。

（2）遇到重度醉酒的客人应及时报告上级及保卫部门。

（3）遇到轻度醉酒的客人应提供相应的服务。

（4）提供一个闲置的空间供客人暂时休息。

（5）待客人完全清醒后再送走。

（6）事后记录，向上级汇报。

3．注意事项

（1）如客人醉酒后在楼层或公共区域大吵大闹，损坏物品，影响到其他客人，应马上请保卫人员前来强行制服。

（2）如需搀扶客人回房休息，客房服务员千万不可一人独自搀扶，可请同事或保安人员帮助。

（3）客人回房休息，客房服务员不可随便为其宽衣，以免发生误会。

（六）打架、斗殴事件的应急处理

（1）客房服务员一旦发现店内有打架、斗殴情况，应立即报告保安部，同时有礼有节地劝阻及劝散围观人群。

（2）协助保安员做好现场戒备工作，避免客人受到伤害以及酒店物品受到损坏。

（3）如双方不听制止，事态继续发展，场面难以控制时，应迅速报告公安机关及酒店相关部门人员。

（4）检查客房内的物品是否有损坏以及损坏程度。若有损坏，确定赔偿金额，进行索赔。

（5）配合相关部门及人员做好事件调查工作。

（6）做好工作记录，详细记录事件的整个过程。

知识要点四　　客房常规服务项目及服务规程

一、客房小酒吧服务

为了方便客人，大部分酒店都在客房内配备了小冰箱（一些高档酒店还在客房内设有小型吧台），向客人提供适量饮料，并在适当位置放置烈性酒、酒具和酒水单。国际酒店业在设立房内小酒吧的初期，大多由餐饮部负责管理和服务。近年来，尤其是国内的酒店，房内小酒吧逐步转由客房部管理。客房部管理房内小酒吧可以减少跑账和打扰客人的次数，增加安全系数并便于沟通协调。

房内小酒吧

1. 配备

在房内小酒吧的配备方面，客房部管理人员首先根据本酒店的星级及目标市场，确定饮料的配备品种及各品种的数量；然后再设计小酒吧账单，账单上应列出饮料及其他备品的品种、数量、价格及有关注意事项。目前，酒店所用的账单多为无碳复写纸，一式三联，两联送前台收款，其中一联作为计账凭证，另一联以备客人结账时查看，第三联则由客房部留存，作为申领酒水和统计用。如果用四联小酒吧账单则更好，供客人了解消费情况。酒水单由客房领班在客人签字后第一时间送前台收款记账，在退房时则应立即通知收款员"房号"及"金额"等重要内容。

2. 补充

（1）服务班根据当日客人消费单进行补充，并检查酒水质量和保质期。

（2）将客人消费单客房联交于服务中心。

（3）住客房消费酒水需经客人签字确认后，再行补充。

检查小酒吧

3. 检查

（1）领班查房时对小酒吧物品逐项进行检查并登记。

（2）服务班对住客房每日检查三次（上午清扫房间时、午后整理房间时以及晚上整理房间时）。

（3）当客人离店时，服务班在第一时间进房检查酒水消费情况，及时报告服务中心。

4. 注意事项

（1）客人使用过小酒吧后，应核对客人新填的酒水耗用单。

（2）客人填写有误，应注明检查时间，待客人回房时，主动向客人说明并更正；如客人没填写，应代客补填并签名和注明时间。

（3）为防有人偷梁换柱，要特别留意瓶盖封口处和罐装饮料的底部。

（4）客人结账后使用了小酒吧，应礼貌地向客人收取现金，并将酒水单的第一联作为发票交给客人，收取的现金连同酒单的第二联记账凭证及时交给收银处。领取和补充小酒吧的酒水和食品时，要检查酒水的质量和饮料、食品的有效保质期。

（5）客房小酒吧的漏账率不应超过3%。

表1　客房小酒吧饮料账单

客房小酒吧饮料账单
MINI – BAR CHARGE VOUCHER

亲爱的贵宾：

希望您能尽情享用房内小酒吧的饮品。

客房部服务员将每日核对您所饮用的饮品数量，并把清单送到会计部转入您的账目内。如您需要其他特别饮品服务，请拨分机"3638"。

为了能准确地记录您的账目，请您在结账离店时，将此单带到收款处。谢谢！

Dear guest，

Please feel free to enjoy the facility of your Mini – bar provided for your convenience. Your room attendant will collect this voucher daily from your Mini – bar take it down to the Front Office Cashier for billing to your account. If you require any additional service，please call Room Service on Extension 3638.

房号：_____　　　日期：_____
Room Number　　　　　　　　　Date

品类 Items	点存（瓶） Inventory	耗量 Consumed	单价（元） Unit Price	小计 Sub. Total
人头马 VSOP Remy VSOP	1		40. 00	
人头马特级 Club de Remy Martin	1		55. 00	
君度 Cointreau	1		40. 00	
健尼路金酒 Greenall Gin	1		45. 00	
威雀苏格兰威士忌 Famous Grouse Scotch	1		35. 00	
加利亚诺利桥酒 Galliano	1		35. 00	

（续上表）

品类 Items	点存（瓶）Inventory	耗量 Consumed	单价（元）Unit Price	小计 Sub. Total
芬兰伏特加 Finlandia Vodka	1		35.00	
青岛啤酒 Qingdao Beer	2		10.00	
可口可乐 Coke	2		8.00	
矿泉水 Mineral Water	2		6.00	
椰子汁 Coconut Juice	2		8.00	
八宝粥 Eight – treasure Porridge	2		8.00	
合计 Total				
10%服务费 10% Service Charge				
总计 Grand Total				

第一、二联：结账中心　　　　　　　第三联：客房部留存

案例分析

小酒吧收费的失误

晚上8点15分，总台收到住在1206房李先生要结账的通知。他告诉服务员说他第二天的时间非常紧，担心会误了飞往上海的航班，因此希望收银处明天早点把他的账单打出让服务员送到他房间来，他看后就可以直接付款了，以便他利用这段时间收拾行李，节约时间。

第二天早上8点半，服务员把打出的账单送到了1206房。李先生一看，发现有80元的费用出自他房间的小冰箱里的饮品，而那个小冰箱他压根儿就没动过。他跟服务员说这个账单有误。服务员微笑礼貌地请求客人跟她一起到收银处去核查。

到了收银处，客人把账单指给收银员看。收银员回答说："请稍等，先生。我去找我的主管。"说罢，转身去找她的主管了。几分钟后，她同另一位女士一起赶到了收银台。那位女士自我介绍说是值班主管，并问客人有什么事。显然刚才那位收银员并没有把情况向她讲清楚，客人回答说："我的账单有误。"于是那位主管和收银员一起仔细地审查起电脑信息。几分钟过去了，来结账的客人越来越多，并且有些客人开始不耐烦起来。她们俩经过一番小声嘀咕以后，主管对客人说："对不起，请稍等，我去办公室把当值经理找来。"还没等客人开口，她俩就走开了。又过了三四分钟，值班经理出来了，她也很有礼貌："您确定没使用过小冰箱？我们很少出现这方面的失误。"此时此刻的客人又急又恼。主管让收银员从账单上减掉80元，并感谢客人光临本酒店，随即转身走了。

一个小时后，李先生拿着收据，提起行李，疾步穿过大厅，走出门外，气呼呼地叫了辆出

租车，让司机火速赶往机场。他计算着时间，觉得很可能会赶不上这次航班。若是这样，会给那位重要的客户带来很多不便。想到这里，他预感到今天将会是非常不愉快的一天。

点评：

本案例中酒店的过错主要有以下几方面：

（1）客房当值服务员在退房时出了差错。客房当值人员应该在接到客人离店通知后，认真检查离店客人的房间，看看酒店设备与用品是否齐全。如果客房里有小冰箱，客房服务员应该有礼貌地问问客人有没有用小冰箱里的东西。如果有，要及时记账。在本案例中，客房服务员没有做到这点。

（2）前台收银员对客人的怠慢。前台收银员在遇到客人账单有误时，没有顾及到客人的感受，只一味地顾着找自己的上级领导，而把这位客人和其他客人一次又一次地晾在一旁。这是酒店业中的大忌！因为顾客就是"上帝"，"上帝"是不能怠慢的。

（3）当班经理不肯认错。值班经理在知道是酒店出错时，对错误采取"不承认主义"，说什么"我们很少出现这方面的失误"，违反了"顾客永远是对的"的信条。

我们应如何避免类似的事情再次发生？

1. 以客为尊

（1）真正做到以客为尊，就要扩大贵宾的范围，力争将每一位客人都看成VIP。酒店不仅要照顾好领导和住套间的高房价客人，还要关心大多数普普通通的客人。因为客人的不断回访才是员工的衣食父母，才是酒店的利益源泉。

（2）始终保持压力传递。需要有一套驱动力量来反复提醒管理层，将营运始终围绕客人的需要来展开，克服对客服务中的惰性。总经理和值班经理就是改善服务品质、提升服务质量的驱动器。不但要关心所谓的人、财、物以及工程改造、升星定级、迎送领导等大事，更要分配足够时间、精力在日常运转上。

（3）"以客为尊"还要通过制度对服务质量的控制来实现。比如，通过专业公司每年1~2次的暗访，真实反映服务品质。酒店值班经理根据暗访暴露的薄弱环节及一般重点区域分区、分批检查，形式和内容则需要每半年或每年更新，次日必须提供报告，高层每日必须了解、跟进处理情况。通过以上措施，实际上旨在建立一套不断改善服务品质、追求卓越服务的流程和体系，以应对不断变化的客人和员工所引起的挑战。

2. 关注细节

（1）关注服务细节本身是否达到品牌标准。绝大多数情况下，服务出现瑕疵就是因为规定的标准和程序没有得到贯彻，只有通过不断培训和现场督导才能改善。

（2）关注细节就是要关注全过程、全方位、全天候的细节，不能有任何灰色区域。从电话总机清晰亲切的问候、接受预定、大门迎接，直到结账离店全过程；从头发是否整洁、皮鞋是否光亮、制服是否平整到是否微笑问候和目光交流等各方面，都应十分注意。

（3）对客服务要细致，越细越好。例如，为所有外籍客人准备相关报纸，为常住客人保存物品，为女性客人送大束鲜花，为小孩准备玩具……当然，全部的细节要体现"以客为尊"的思想。

二、物品租借服务

1. 物品租借程序

（1）客人租借物品时，服务员应问明租借物品的名称、要求、租借时间等，详细记录在租借物品登记单上。

（2）将物品用托盘装好，迅速送至客人房间，请客人在租借物品登记单上签字。

（3）借出物品时，要检查其清洁、完好的情况。对电器类物品，须当面演示使用方法。服务员在将转换插座或接线板送至客人房间后不应立即离开，而应主动帮助客人接好插头，看所提供的转换插座或接线板是否符合要求。同时，这也给服务员提供了一次观察机会，看客人是否准备使用酒店禁用的电器。

借 物 记 录
ITEM ON LOAN

No: 1010204

房号
Room No.:
预计离店日期:

我确定我已收到
I acknowledge receipt of＿＿＿＿＿＿＿＿＿＿＿＿＿＿＿＿＿＿

如果我没有归还这件物品，我同意将其付在我的账上
I understand there will be a charge of ＿＿＿＿＿＿＿ to my account in the event
I do not return this item.

顾客姓名	楼层	签名	管家部
Guest Name	Floor	Signature	Housekeeping

日期　　　　　　　　　　　　时间
Date ＿＿＿＿＿＿＿＿　　　Time ＿＿＿＿＿＿＿＿

为了方便其他顾客可以借用，使用完毕后请通知管家部电话 "2" 归还所借的物品。
As a courtesy to our other guests who may require this special item, please call
housekeeping Tel "2" for collection.

谢谢
Thank you

借物单

（4）收回租借物品后，要检查完好情况，并做好记录。

（5）客人离店时，要注意检查客人有无租借物品未归还。

一些酒店免费向客人租借用品，如电吹风、电动剃须刀、万能插座、熨斗、熨衣板、各类文具用品等等。在客人借用电器时，须向客人说明本酒店使用的是 220V 的电压，并请客人使用完后归还。此外，还免费提供应急用的婴儿纸尿片及女宾卫生巾、婴儿床、热水袋、椅子、全国电话簿等。

表2 租借物品登记单

日期	
房号	
客人姓名	
物品名称	
客人签名	
送还日期	
接收人	
客人所借的上述物品，如果离开时仍未交还，酒店将会向客人索取物品的价值费用。	

楼层：   领班：   服务员：   时间：

2. 物品租借的注意事项

（1）贵重物品按规定收取一定数额的押金。

（2）酒店物品只有入住酒店的宾客才能租借。

（3）使用租借物品时要注意安全。

（4）租借的物品不得带出店外。

（5）宾客所还租借物品要保证完好无损。如被客人因使用不当造成损坏，客人应按有关规定赔偿；赔偿方式有现金或签单；根据物品的损坏程度进行赔偿。

开动脑筋

某五星级酒店统计本年度客人租借物品的情况，发现住客借用的物品五花八门，有经常使用的充电器、雨伞，也有平常很少使用的体温计、婴儿车等物品。客房部打算在每个楼层的显眼位置放置一个"百宝箱"，想客人之所想，最大限度地方便客人。请问，如果你是客房服务员，你打算在"百宝箱"里放哪些物品呢？

三、送餐服务

送餐服务是指应客人的要求将客人所点之餐饮送到客房的一种餐饮服务。常见的房内用餐有早餐、便饭、病号饭和晚餐等，其中以早餐最为常见。

客房送餐

客房送餐牌

提供送餐服务时，酒店要设计专门的送餐牌，摆放在床头柜或写字台上，上面标明送餐服务电话。另外，送餐服务通常收取 20% ~30% 的服务费。

房内用餐可以用托盘提供，也可以用餐车送上。送餐方式大致有两种，在大型酒店里，这项服务由餐饮部负责；而在另一些酒店，送餐则由餐厅服务员送到楼层，再由楼层服务员送进客房。采用第二种服务方式的酒店，要求客房服务员必须熟悉菜单，并掌握一定的餐厅服务技能。

1. 接听客房送餐服务预订电话

（1）接电话，不得使电话铃声响超过三次。

（2）接电话前，如正在与人讲话，应立即结束此讲话，拿起听筒，应向客人说明让客人等的原因。

（3）听电话时，应用标准用语，如："早上好！客房送餐服务，请问有什么需要？"

（4）问清客人的姓名、房间号码，尽可能地称呼客人的姓名。

（5）等客人放下电话，然后再轻轻放下听筒。

2. 接受客房送餐服务点菜

（1）问清客人房号并写在订餐单上。

（2）问清要几份菜、几个人用餐等。

（3）问明所要的菜后，再问明具体的要求，如牛排的生熟度、配菜的品种等，用标准的缩写记下。

（4）向客人推荐其他小菜，建议要大分量的，建议点甜食和饮料，推荐餐厅的特色菜。

（5）重复客人的点菜。

（6）对客人的点菜表示感谢。

（7）告知客人餐点将尽快送到。

3. 送餐

（1）电话预订员将订餐单交服务员，服务员按照要求准备相应的餐具、面包、黄油、果汁、咖啡或茶等。

（2）厨房备好的食品，需采取保温措施，然后迅速送到客房。

（3）敲房门三下，说明是送餐服务；客人打开房门后，服务员应主动问候，并说出订餐单上所写客人姓名，以证实有没有敲错门。

（4）进入房间后，应询问客人喜欢在什么地方进餐，然后将餐盘摆好。

（5）摆放妥当后揭开餐碟盖，要一一报菜名，并询问客人还有什么需要。

（6）准备好账单并问清楚客人结账方式，如签单则将账单和笔交给客人，请其签字；如果客人付现金，将账单请客人过目，并告知账单金额。收款后，在账单上写明"现金"及金额。

（7）告知客人如要增添餐点或收去用完餐的空盘，请打电话给客房送餐服务人员（一般在 1 个小时后）。

（8）向客人道谢，离开房间。

（9）及时将记账单交预订员，过机后再交收银处，以备客人离店结账；如付现金，将账单和钱款交餐厅收银员，找回的零钱，退还客人。

（10）提供送餐服务时，要注意及时将客人用过的餐具和剩物撤出（一般在 1 个小时后，征得客人同意后撤出），以免影响房内卫生和丢失餐具。在送餐 1 个小时后仍未接到客人收餐具的电话，需打电话询问。

（11）收餐具时要征求客人对用餐的意见。撤出时注意清点餐具并检查有无破损，同时还要注意随手更换烟灰缸、玻璃杯，擦净桌上的脏物，以保持房内清洁。注意不要与客房用品混淆。

4．送酒水饮料的服务程序

（1）一般接到饮料或鸡尾酒的订单后，去酒吧取回，送至客人房间即可。

（2）订红葡萄酒时，酒的温度要求和室温相同，准备好干净的红葡萄酒杯，放在有杯垫的托盘上，红葡萄酒杯放在装饰好的甜食盘上，备好酒刀（开瓶器）、餐巾等。

（3）订白葡萄酒和香槟时，应经过冰镇处理，从酒吧取回酒后，斜插在一个装有冰的冰桶里，把冰桶放在装饰过的大盘上，用叠成约 2 寸宽的长条形餐巾搭在酒瓶和冰桶上。

（4）酒送至客房后，先给客人看一下酒的商标，右手握瓶的上端，左手拿餐巾托瓶底；商标面向客人，询问客人是否马上用；如要则马上开瓶，开瓶后用餐巾擦瓶口，向主人杯中倒大约一口量的酒，供其品尝；确认没有质量问题后，先给客人斟酒，再给主人斟酒。

（5）香槟酒开瓶时，不要上下晃动，瓶口的方向不要对着客人。

5．冰块供应

许多外国客人，尤其是欧美国家的客人习惯在酒水中加冰块或饮用冰水。为适应客人的生活习惯，酒店应为住客提供冰块。为做好这项工作，酒店通常在楼层设有制冰机，房内配有冰桶、冰夹。客人有需要时，服务员可随时从制冰机中取出冰块，送进客房。

6．客房送餐服务记录

如客房送餐服务工作量较大，应使用送餐服务记录以便检查服务效率，它可以起到如下作用：

（1）迅速地送餐及收回空餐具。

（2）核对服务员的账单。

（3）检查服务人员的工作情况。

（4）控制餐具、用具。

表 3　送餐服务记录

班次_____　　星期_____　　日期_____

房号	服务员号	订菜时间	返回时间	收回餐具时间	食品内容

注：（1）当班时，填好前三项；

　　（2）记清房号及服务员号；

　　（3）记清客人订菜时间；

　　（4）记下服务员送完餐返回的时间；

　　（5）记下收回餐具的时间；

　　（6）记下所送食品的内容。

四、加床服务

加床服务是客房部提供的服务项目之一。有时客人会直接向楼层服务员提出加床服务要求，客房部服务员应礼貌地请客人到总台办理有关手续，不可随意答应客人的要求，更不可私自向客人提供加床服务。

1. 服务流程

（1）接到总台的加床通知，客房服务中心服务员应做好记录并及时通知楼层服务员。

（2）楼层服务员将加床及与其配套的床上用品和客房用品推至需加床的房门一侧。

（3）按规范程序进房。

（4）征得客人同意后，进房将客用品摆放好或礼貌地询问客人如何摆放才合适。

（5）客人若无其他要求，则移开沙发、茶几，将加床放于墙角位置，为客人铺好床。

（6）与客人礼貌道别，面向客人轻轻关上房门。

（7）通知客房服务中心加床完毕。

表 4　客房加床申请表

日期_____

房号	客人姓名	日期

五、托婴服务

接到客人的看护要求后，客房服务员应请客人填写"婴儿看护申请单"，了解客人的要求及婴幼儿的特点，并就有关注意事项向客人说明。

1．服务流程

（1）向客人介绍服务收费标准。

（2）询问并记录客人的房号、姓名，问清照看的时间、小孩的年龄、特点和家长的要求等。

（3）请客人填写"婴儿看护申请单"，核对要求看护婴儿的人数、年龄等情况，了解客人是否有特殊要求，并做好记录。

（4）当客人回酒店后，将婴儿送回客房，或是由客人领回婴儿，请客人签单确认费用。

（5）完成托婴服务后，及时通知客房服务中心并由客房服务中心处理有关费用问题。

2．注意事项

（1）为确保安全，看护者应在规定区域内照看婴幼儿，不可将小孩带出指定地点（通常是客房），更不能带出酒店。

（2）严格遵照家长和酒店的要求看护，不要随便将食物给小孩吃。

（3）不将尖锐物品及其他危险物品充当玩具。

（4）客人外出时，请客人留下联系电话，以便出现特殊情况时进行联系。

（5）专人看护婴儿，不得一边做其他工作一边看护，不可随便托付他人看管。

（6）在照看期间，若婴幼儿突发疾病，应及时报告上级，请示客房部经理，以便得到妥善处理。

表5　婴儿看护申请单

客人姓名 Guest's name	房号 Room Number
日期 Date	婴儿年龄 Baby Age

尊敬的客人：

　　应您的要求，我们安排了托婴服务，由＿＿＿＿时＿＿＿＿分至＿＿＿＿时＿＿＿＿分。

Dear Guest,

　　As requested by you, we have arranged Baby – sitting from ＿＿＿＿ to ＿＿＿＿.

　　请您在所需的项目上打"√"，Tick（√）the appropriate.

早餐	是	否	☐
Breakfast	Yes	No	☐
中餐	是	否	☐
Lunch	Yes	No	☐

（续上表）

晚餐	是	否	☐
Dinner	Yes	No	☐

　　托婴服务的最初两小时，按_____收费，之后按每小时_____计算。所有费用都在前台收银处直接结算，酒店将不承担因看护疏忽造成的事故而引起的任何赔偿。

　　Kindly note that there is a minimum charge of _____ for the first 2 hours of baby – sitting. A fee of _____ is charged for each additional hour. All payment should the hotel be liable to compensate the guest for any accident negligence caused by the baby – sitter no purpose.

　　申请人愿意接受以上全部条款。

　　I fully accept the above terms and conditions.

经手人签名：
Signature：
HOUSEKEEPER _____

宾客签名：
Signature：
Guest _____

　　注：一式三联。一联客人留存，一联前台收银，一联客房部留存。

六、客人离店时的工作

　　宾客离店前，服务员要帮客人做好离店前的各项准备工作，使其在临行前受到各方面的关照，避免客人临行前由于时间紧迫出现差错。

（一）客人离店前的准备工作

1. 掌握宾客准确的离店时间

　　对于有接待单位的散客和团队客人，客房服务员应主动与接待单位或领队联系，掌握宾客离店的准确时间，记住宾客的房号或姓名。

　　对于无接待单位的自费散客，应选择适当的机会主动问候客人，了解宾客有无结账和离店的准确时间。

　　有可能的话进一步了解客人所乘的交通工具的车次、班次、航次。

2. 检查客人的委托代办事项是否完成

　　在客人离店之前，应检查客人所委托的待办事项是否已办妥、账款是否已结清、有无错漏。

　　委托代办服务的工作要领是"一准、二清、三及时"，即代办事项准，账目清、手续清，交办及时、送回及时、请示及时。

3. 提醒客人及时整理行李

　　提醒客人检查整理自己的行李物品，不要出现行李遗留现象。

4. 征求即将离店客人的意见

　　为了不断提高客房的服务质量，客房服务员应主动征求即将离店客人的意见，注意收集客人对饭店设施与设备、服务项目、服务态度、服务水平的意见。

5．询问客人离店前的需求

客房服务员应主动询问客人离店前还需要办理哪些事情，如是否还需要客房用餐、叫醒服务、帮助整理行李等。

（二）离店时的送别工作

1．散客离店时的服务程序

（1）通知行李员提取客人的行李。

（2）凡当日离开酒店都要进行行李离店登记。

表6　散客行李离店登记表

值班人_____　　　　　日期_____

房间号码	收取行李行李员	收取行李时间	宾客离店时间	是否结账	行李件数	备注

（3）宾客离店前，客房服务员应主动征求客人意见，不断改进服务工作，如客人当面投诉，客房服务员应做到以下几点：

①认真聆听客人的批评和意见。

②热情友善，态度诚恳。

③用笔记录，及时向领导汇报。

④如果客人所提问题情况属实，能当时给予解决的立即处理好，不要让宾客带着不满、抱怨离开酒店。

⑤宾客有意见又着急走时，如客人愿意的话，可将其国籍、姓名、联系方式留下。

离店前送别服务

⑥代表酒店衷心感谢客人。

⑦欢迎客人下次再入住本店。

⑧客人提的意见如果有不符合事实之处，不要做过多解释。

（4）客人行至电梯口，客房服务员要迅速为客人按下电梯按钮。

（5）电梯到达楼层时，在正确的位置用手挡住电梯门，请客人先进电梯，并将行李送入电梯放好。

离店查房

（6）当电梯门关上1/3时，面向客人，微微鞠躬告别，并说"祝您旅途愉快，欢迎您下次再来"。

（7）电梯门关闭后，迅速返回客人房间进行检查：

①如发现客人离店前使用过小酒吧的酒水，应立即告知结账处，并将酒水单填好送交结账处。

②如发现客人有遗留物品，按客人遗失物品处理程序妥善处理。

（8）查房后做好离店客人情况记录，以便交接班之用。

2．团队离店时的服务程序

（1）按接待单位要求或通知，告知所有客人把行李收拾好，等候行李员收行李。

（2）楼层客房服务员协助行李员搬运行李，集中在一个指定区域，填写团队行李离店登记表。

表7　团队行李离店登记表

值班人＿＿＿＿＿＿　　日期＿＿＿＿＿＿

团队名称					
行李件数		团队人数		旅行社陪同	
收取行李时间		宾客离店时间			
备注					
房间号码	行李件数	行李员	房间号码	行李件数	行李员

（3）与行李员确认行李件数，加盖网罩，由专人看管。

（4）迅速返回查房。

（5）做好查房记录。

（三）善后工作

宾客离开房间，客房服务员应迅速检查房间、卫生间。这样做的目的有两个：一是查看宾客是否有遗留物品，二是查看酒店设施、设备或物品是否被宾客损坏或带走，同时查看小酒吧。发现以上问题应及时报告，妥善解决。

1．客人带走了客房的设施、设备或用品

（1）先报给服务中心并查看交班记录，检查是否已按标准配备齐全。

（2）了解客人是否还有同行住在酒店（因客人有可能将物品放在其他同行客人的房间）。

（3）如确实是客人原因造成物品失少，则客房服务中心应马上报告总台收银处和大堂副理，由总台收银员留住客人，由大堂副理向客人索赔。

2．客人损坏了饭店的设施、设备或用品

（1）先报给客房服务中心，由客房服务中心第一时间通知总台收银或大堂副理。

（2）总台收银员找借口留住客人，大堂副理向客人索赔。

3．客人有无遗留物品

宾客离开楼层后，服务员认真检查衣橱和家具的抽屉、保险箱、卫生间、云台等处，若发现客人的遗留物品，应做如下处理：

（1）及时通知客房服务中心，若是零星散客，让客房服务中心通知收银员，告知客人有遗留物品；若是团队客人，则与团队联络员联系。

（2）若客人还未离店，客房服务员应及时将遗留物品交给客人。

（3）若客人已经离店，客房服务中心应立即通知大堂副理有遗留物品。

（4）服务员立即填写"客人遗留物品登记表"。

（5）下班前，客房服务员将遗留物品交客房服务中心，客房服务中心联络员负责登记。

（6）钱币和贵重物品经中心联络员登记后，交中心主管进行再登记，然后交秘书保管。

（7）一般物品与"客人遗留物品登记表"一同装入遗留物品袋，将袋口封好，在袋子的两面注上当日日期，存入遗留物品室内的格架中，并在格架上贴上日期标签。

（8）遗留物品室每周由专人整理一次。

表8　客人遗留物品登记表

房号		姓名		上交时间		发现时间	
遗留物名称				发现地点			
备注：							
经办人				交物人			
客人领取签名				领取时间			

注：一式三联，一联客人保留，一联楼层保存，一联存根。

4. 失物认领程序

客人本人回来认领遗留物品时，须复述一次报失物品的内容、遗失地点，由客房部核准后如数交给客人，并请客人在登记簿上签名。如是贵重物品，还需留下客人的身份证号码及联系地址。

凡客人通过电传、电话或写信回来认领物品，如查到登记薄的记录确实和客人所述相符，应立即去信或电传把结果告诉客人，并征询客人的处理意见；如客人要求寄回，则费用由客人承担。

凡通过他人来认领时，请代领人出示委托书，问清楚客人姓名、遗失物品、遗失地点、遗失时间，所有资料相符时才能把物品交给来人，并请代领人签名代收。若代领的是贵重物品，应留下代领者的有效证件复印件，并由大堂副理监督移交。

表9　失物认领表

物品号码 Article No.	日期 Date
认领人姓名 Claimant Name	
身份证号码/护照号码 I. D. No. /Passport No.	
电话号码 Telephone No.	
失主姓名 On Behalf of	
认领物品如下： Articles Which Have Been Claimed As：	
认领人签字 Claimant Signature	经手人 Handle By
部门 Department	
客房部 Housekeeping	财务部 Copy – account

案例分析

遗忘的手表

在某五星级酒店客房部，客房服务员小龚正在清扫一间走客房，在整理床铺的时候，发现有一块全新的劳力士手表压在枕头下面。小龚见这手表款式新颖，价值也不菲，看看四周没人，就私自藏了起来。下班时，小龚将手表夹杂在自己的个人物品中带出了酒店。第二天，那位退房的客人来查询房内遗忘手表之事，值班员查阅前一天工作记录中并未登记有遗留物品，就将此事上报给主管及值班经理，并立即对当日楼层客房的情况进行调查。很快查明是小龚所为，管理人员对其进行教育，责令其立即交还客人手表。小龚只好将带走的手表交回。追回手表后，店方及时告知客人，说在他离店后发现他遗留在床上的手表，店方已予妥善保管，并通知客人回店领取。客人拿回手表后十分高兴，并对酒店表示感谢；而带走客人手表的服务员小龚则被酒店开除。

点评：

客人离店后，常会因粗心或匆忙而遗留个人物品，客房服务员发现后应按客房部的要求做好记录，上交有关部门妥善保管，并及时与客人联系，迅速归还；暂时联系不上，可待客人查询时再予以交还。这是牵涉到客人财物安全与客人利益的问题，要认真对待，绝不能因客人已经离店，而对客人遗留下的东西不予重视，随便处理。一旦客人找不到物品，会损害客人的利益，也会损害酒店的信誉，因此，要慎重处理。

此案例中小龚见了手表起了贪念，私自带出饭店，据为己有，这是严重违反店规、丧失职业道德的错误行为，是绝对不允许的。这样恶劣的行为受到开除的处分是咎由自取。不管客人遗留的物品客房服务员多么喜欢，不管客人是来查询或放弃找回，客房服务员都不可以将物品留为己用。拿一丝一毫客人的财产都是可耻的。

酒店为了维护客人利益，立即追回手表，并告之客人早已为之妥善保管，而未将小龚的不良行为揭出，这也是一种策略。既然客人的手表已经找回，也就没有必要将酒店内部的问题暴露给客人，这对于保护酒店声誉是有益的。

此例告诫服务员，不得沾染一丝一毫的客人财物，否则定会因小失大，最终以葬送自己的前途为代价，自吞苦果。

任务准备

一、组建团队

1. 组建学习小组

本课程大部分内容的学习采取小组学习的方式进行，请在规定时间（15 分钟）内自行组建学习小组（每组人数视班级情况自定）。

学生分好组后，以小组为单位坐在一起。每组选出组长、副组长，定出组名，制定小组格言，并记录在下表中。

表 10 学习小组表

组名			
小组格言			
组长		副组长	
组员姓名	联系电话	组员姓名	联系电话

二、教师下发任务书

表 11 任务书

任务书

1. 任务目标

完成"新婚包房"客人的楼层接待。

2. 任务要求

（1）分析"新婚包房"的宾客类型。

（2）分析"新婚包房"客人的服务需求。

（3）以小组为单位，设计楼层接待服务方案。每组的方案中至少包含一个常规服务项目、一个个性化服务项目、一个突发事件。

（4）模拟表演楼层接待过程，另一个组选派一名学生充当宾客，可以在表演过程中设置一个疑难问题，表演小组现场处理突发事件。

（5）表演结束后，每组至少提出一个建设性的意见。

3. 活动规则

（1）各组自行做好计划书，明确分工。

（2）活动过程必须全体组员参与。

（3）要通过各种形式（照片、视频等）将活动过程记录下来。

（4）任务完成后，向全班同学汇报，并展示任务的完成过程。

（5）多种形式评价反馈。

任务实施

一、制定方案

（1）认真分析任务，并确定好任务实施方案。

表12　"新婚包房"客人的楼层接待方案

内容	设计内容具体说明	
宾客类型分析		
服务需求分析		
常规服务项目		
个性化服务项目		
突发事件		
设置的疑难问题	1 组	2 组
	3 组	4 组
	5 组	6 组
	7 组	8 组

（2）准备相关用品、设施、设备和表格等。

二、确定人员分工

任务实施过程中要明确任务分工，组长要调动组员充分表达不同意见，形成职责清晰的任务分工表。

表13　任务分工表

组员姓名	任务分工

三、过程监督

请各组成员在任务实施过程中做好过程记录，组长负责监督，全组共同完成进度监督表。

表 14 进度监督表

工作阶段	时间	进度描述	检查情况记录	改善措施以及建议

四、各组成员记录任务实施过程中的困难及收获

困难：_____

_____

小组成员想到的解决方法：_____

_____

本次活动的收获：_____

_____

五、成果展示

每个小组在任务实施过程中，可以用各种形式把本组的学习活动记录下来，并将以下成果展示出来：

（1）简述"新婚包房"客人的楼层接待方案。

（2）表演"新婚包房"客人的楼层接待过程。

评价反馈

表 15 个人评价表

学生姓名_____ 日期_____

评价内容		评价标准	评价方式	得分	评价权重
个人评价	是否服从安排	20	学生自评		30%
	团结协作	20			
	完成任务的情况	40			
	建设性意见	20			

表16　小组评价表

评价组_____　　被评价组_____　　日期_____

评价内容			评价标准	评价方式	得分	评价权重
小组互评	1	2	方案的可操作性	20	小组互评		40%
	3	4	组员之间团结协作	20			
	5	6	方案完成的情况	30			
	7	8	宾客满意度	30	由充当宾客的学生填写		

表17　教师评价表

被评价组_____　　被评价学生_____　　日期_____

评价内容			评价标准	评价方式	得分	评价权重
组别	1	2	方案的可操作性	20	教师评价		30%
	3	4	组员之间团结协作	20			
	5	6	工作小结、工作页完成的情况	40			
	7	8	创新性	20			

表18　学习评价表

评价内容	评价权重	得分
个人评价	30%	
小组评价	40%	
教师评价	30%	
合计		

●学习目标

1. 分析团队客人、外国客人的服务需求；
2. 按楼层接待服务工作的接待规程，为伯明翰访问团提供精细化的楼层接待服务；
3. 根据客人的不同需求，提供个性化的楼层接待服务；
4. 遇到紧急情况时，会根据安全预案处理；
5. 正确对待客人的意见和投诉，并提出合理建议。

学习情境描述

　　2010 年 10 月，广州友好城市伯明翰（英国）组织 50 人的访问团前来广州交流。因本次交流的主题是"岭南文化"，故访问团选择了具有独特园林式建筑风格的番禺宾馆下榻。访问团中有政府官员、企业家、艺术家等各类对岭南文化、工艺品、岭南建筑感兴趣的人士，他们将在与"岭南文化"相关的各个领域与广州开展友好合作项目。

学习情境分析

　　在这个学习情境中，客房服务员要对可能存在的宾客类型进行分析，并根据宾客的特点考虑其服务需求。这可以从以下几方面考虑：

　　◆涉及的宾客类型：团队客人、外国客人、VIP 客人、特殊宾客等。
　　◆对客服务：开夜床服务、特殊宾客服务、会议服务等。
　　◆突发状况。
　　◆客人的意见和投诉。

📖 知识链接

知识要点一　　团队客人的特点及服务方法

一、政府代表团

（1）政府代表团的特点：
◆ 身份高。
◆ 服务要求高。
◆ 招待标准高。
◆ 重视礼仪。
◆ 店内逗留时间短。
◆ 日常安排紧。
◆ 店外活动多。
（2）政府代表团的服务方法：
◆ 调配人力，成立专门负责小组进行服务，做到专人负责。
◆ 了解客人的特点，采取具有针对性的服务。
◆ 做好安全保卫工作。
◆ 在为客人准备客房的同时，应检查客房的所有设施、设备，排除任何不安全的因素。同时，根据代表团的规定，配合安全部门和接待单位的工作。
◆ 做好保密工作。
◆ 严格按有关部门和接待单位的要求，做好关于政府代表团信息的保密工作；服务员在打扫卫生时不要动客房内的文件；客房内的垃圾应进行集中单独处理。

二、文艺团体

（1）文艺团体的特点：
◆ 文艺团体中的演员携带的东西比较多。
◆ 对自己用的乐器、道具、服饰非常注重。
◆ 洗熨的衣物较多，并且多数为小件物品，大部分又都是快件，时间要求紧。
◆ 活动安排紧凑，常常晚间演出、白天休息，其生活习惯与其他客人不同。
（2）文艺团体的服务方法：
◆ 服务人员在与文艺团体的接触过程中，应适时地说些祝贺和赞扬的话。
◆ 因住宿时间较长，睡觉迟、活动多，早晨起得晚，演出回来后需要饮料较多，必须做好准备。
◆ 时间观念强。出发时间和平常委托代办都要准时，以保证演出任务的完成。

◆注意艺术装饰，客房布置应尽量注意艺术性。

三、体育代表团

（1）体育代表团的特点：

◆入住人数一般较多，行动非常统一。

◆参加比赛前一般要聚集在一起进行战术讨论，观看比赛录像。

◆紧张的比赛后，特别需要一个安静舒适的休息环境。

◆不同体育代表团的生活特点与休息时间往往与他们所从事的运动项目有关。

（2）体育代表团的服务方法：

◆掌握他们的作息、活动时间，以便提供服务。

◆加强房间清扫和物品补充，保证运动员所用开水和饮料的充足。

◆为了满足体育代表团讨论战术和观看比赛录像的需要，酒店应能够为他们提供宽敞的、配备多媒体设备的会议室。

◆为了给他们营造一个安静舒适的休息环境，服务人员在工作中应坚持"三轻"（说话轻、走路轻、动作轻），减少进入客房的次数，及时打扫房间。

◆在为体育代表团服务时，服务员不要找客人索取签名，同时还应配合酒店保安人员保护他们免受记者、球迷、"追星族"等的骚扰。

◆运动员思想情绪波动大，往往受比赛输赢的影响。服务人员应及时了解比赛情况，要善于察言观色，对赢队表示祝贺，对输队也要热情服务，不可流露出轻视嘲笑的情绪。

四、观光旅游团

（1）观光旅游团的特点：

◆旅游团的活动一般有组织、有计划。

◆日程安排紧凑，活动时间统一。

◆店外活动多，店内停留时间短。

◆旅游团人员组成复杂，他们的职业、身份地位、年龄等往往都有较大差异。

◆以游览为主要目的，对自然风光、名胜古迹最感兴趣。

◆最大的要求就是住好、吃好、玩好。

◆喜欢购买旅游纪念品。

◆喜欢拍照。

◆委托服务较多。

（2）观光旅游团的服务方法：

◆一视同仁，公平对待。

◆不谈及酒店的有关价格。

◆不介入他们之间的矛盾。

◆遇到问题时，与接待单位或陪同联系解决。

◆要特别讲究服务效率。

◆加强对电话和小酒吧的收费管理。

◆充分做好团队进店、离店前后的各项准备工作。

知识要点二　　星级酒店 VIP 接待规程

一、什么是 VIP

它是英语 Very Important Person 的简称，意思是"非常重要的客人"，VIP 客人亦称 VIP。

二、谁是 VIP 客人

通常被列入 VIP 客人行列的有：对酒店业务发展有极大帮助或可能给酒店带来业务者；知名度高的外交家、艺术家，政界和经济界的要人，社会名流；同系统的机构负责人或高级职员；酒店业同行单位的负责人或高级职员等。

◆VIP 服务是酒店给予在政治、经济以及社会各领域有一定成就、影响和号召力人士的荣誉。

◆VIP 客人是酒店提供完善的接待能力、标准的接待规则的服务对象。

◆VIP 服务不仅仅是商务服务，还是个性化服务、私人管家式服务。

◆VIP 服务提供更加周详的信息和安排，是反映酒店接待艺术与技巧的一项重要活动。

◆VIP 服务是酒店优质服务体系的集中体现。

酒店通常将以下宾客纳入 VIP 客人的范围：

1．党、政、军官员

（1）国家元首级领导。

（2）国家部委办领导。

（3）省级领导。

（4）省厅、司局领导。

（5）市县（市、区）党政军负责人。

2．社会名人

（1）影视娱乐界、体育界著名演艺人员、运动员。

（2）社会各界名流。

（3）新闻传媒的资深编辑、记者。

（4）知名人士。

3．业内人士及其他

（1）旅游酒店董事长、总经理。

（2）曾经对酒店有过重大贡献的人士。

（3）相关行业管理部门人员。

（4）酒店邀请的宾客。

（5）入住酒店豪华房3次以上的宾客。

（6）入住酒店10次以上的宾客。

（7）大型合作伙伴的董事会成员。

（8）来本地的外商代表、外籍工程师。

（9）总经理指定的客人。

（10）根据酒店统计排名前十名的公司预定。

（11）特殊经营关系的人员。

三、酒店 VIP 客人级别设置

酒店通常将 VIP 客人划分为四个级别，自高至低依次为 VA、VB、VC 和 VD，也有按级别高低依次为白金钻级、钻石级、白金级、金卡级贵宾。

1．A 级——贵宾及重要领导人

（1）国内外有杰出影响的政治家及政府官员。

（2）在国际上有影响力的人士。

（3）对酒店的经营发展有重要影响的人士。

（4）500 人以上的会议。

2．B 级——贵宾及领导人

（1）省（部）级以上政府领导及官员。

（2）国家旅游局正局级以上领导。

（3）国内外知名人士及社会名流。

（4）对酒店的经营发展有重要贡献或影响的人士。

（5）300 人以上 500 人以下的会议。

3．C 级——贵宾

（1）厅（局）级以下政府领导及官员。

（2）各企业界、金融界、新闻界知名人士。

（3）外国友人及对酒店有重大影响的人士。

（4）100 人以上 300 人以下会议。

4．D 级——贵宾

（1）酒店长住客人。

（2）酒店重要商户。

（3）全价入住酒店豪华客房3次以上的客人。

（4）全价入住酒店客房10次以上的客人。

（5）酒店邀请的宾客。

表1　某酒店 VIP 宾客资格申请和批准表

等级	资格、条件	申请人	批准人
VA	国家元首级、国家部委领导、省级领导	总经理	董事会、董事长
VB	省厅、司局的领导；市党政军负责人；社会名流（演艺界、体育界、文化界、科学界、新闻界）；行业管理部门人员；曾经对酒店有过重大贡献的人士	副总经理或总助，部门经理	总经理
VC	酒店董事长、总经理；知名旅游企业总经理；酒店邀请的宾客；特殊经营关系的人员；消费排名前十名的单位	部门经理	副总经理
VD	入住酒店豪华房3次或入住酒店10次以上的宾客	前台主管	营销部经理

表2　VIP 接待申请表

No.

VIP		国籍		
接待单位				
抵店时间		离店时间		
接待要求	接待等级　□VA　□VB　□VC　□VD			
	特别说明：			
申请部门		申请人	申请时间	
批准人			批准时间	

表3　VIP 接待通知单

No.

姓名（团体）身份		国籍	
人数	男：　　女：	房号	
来店日期		班次	
离店日期		班次	
拟住天数		接待标准	
客人要求			
接待单位		陪同人数身份	男：　　女：
特殊要求			
审核人		经手人	

(续上表)

接待规格	客房部	
	餐饮部	
	安全部	
	财务部	
	前厅部	
备注:		

TO　□餐饮部　□客房部　□财务部　□安全部　□前厅部　□留存

签发：

日期：

四、VIP 客人接待职责分工

（1）酒店领导及相关部门经理负责批准 VIP 客人的接待等级。

（2）营销部或总办根据 VIP 客人等级安排专人负责具体跟踪、协调、执行 VIP 服务运行和控制。

（3）各部门负责配合 VIP 客人接待的具体实施。

五、VIP 客人抵店前的准备

1. 落实信息

◆营销部负责知会各相关部门经营性 VIP 客人的接待规格与要求。

◆总办负责知会各相关部门公务接待 VIP 客人的接待规格与要求。

2. 具体准备

◆营销部经理或总办经理或指定的负责跟踪接待人员与接待单位保持密切联系，确认 VIP 客人的接待规格、抵店时间、主要日程安排以及各项接待要求和 VIP 客人的喜好、饮食习惯等。

◆根据接待要求和需要，详细填写接待通知单，报领导审批后，加盖 VIP 章，报送总经理并知会相关部门，做好接待准备。

◆通知美工准备各项欢迎工作，如横幅、大堂欢迎告示等，确保按时到位。

◆各相关部门要根据要求做好相应的准备工作，如车位预留、照相、送花、行李、列队、酒店区域内行进路程演练等等。

VIP 房间鲜花

准备阶段要注意落实以下几个细节：

（1）该知道的必须清楚：

◆酒店保安部落实车位，前台部落实贵宾所住的房间，将房匙试用后，装进写有贵宾名字及房号的信封里，放在客人入住的楼层服务台。

◆检查 VIP 客人房内的设备是否齐全、完好，特意为 VIP 客人准备的鲜花、水果、总经理致敬信是否已摆放好，其他物品是否一应俱全。

◆宴会部安排贵宾在店期间的餐饮，其中要确定用餐地点、时间、人数、标准等，特殊的客人还要照顾其饮食习惯，这些信息是否与贵宾沟通到位。

◆准确掌握贵宾的抵达时间（包括飞机、车、轮船等），问清是否需要接送车（或飞机）。

◆客房提供"三到"（客到、茶到、香巾到）物品准备，餐厅事先熟悉 VIP 客人姓名。

（2）动植物要鲜活，设施运转顺畅：

◆绿色植物和台花是否更新、修剪，酒店景观灯是否完好。

◆喷泉、金鱼等活动的物或动物保持灵动。

（3）做好基础工作：

◆仪容仪表、礼节礼貌、业务能力（必要时及时调配岗位）。

◆卫生做细，环境卫生、食品卫生、空气卫生。

◆设备逐一测试，保证摄像、康乐、会议设施正常运转，以备临时使用。

3．准备工作检查落实

◆各部门准备工作完成后，立即汇报营销部或总办，由副总经理以上领导与 VIP 跟踪人员一同落实检查。

◆通知相关部门进行改进，同时做好相关记录。

六、VIP 客人抵店时的接待

（1）负责跟踪人员要通知总经理和有关人员提前在大堂迎候。

（2）与接待人员随时保持联系，掌握 VIP 客人准确抵店时间，通知、控制一部专用电梯，送客人到达所在楼层。

（3）客人抵达后，行李员要及时、准确、快速地把行李送入房间。

（4）跟踪人员进一步了解 VIP 客人在店期间的日程安排，并通知有关部门做好住店期间的服务工作。

（5）大堂副理与 VIP 陪同人员完成入住手续。

七、VIP 客人住店期间的服务

（1）酒店接待负责人要随时与 VIP 单位人员保持联系，注意活动日程安排的变化，并及时通知各部门调整接待服务计划与安排。

（2）在酒店期间的每一项活动，如会议、就餐等，跟踪人员要提前到达现场落实各项准备工作，发现问题及时解决。

（3）各部门在客人住店期间应特别关注，为客人提供优质服务，满足客人的个性要求。

（4）主动征询客人对酒店各项服务与饭菜质量的意见，及时反馈至各部门。

（一）VA 级客人

1. 接待流程

（1）接到营销部下发的"VIP 客人接待计划书"，立即仔细阅读并记录在案。

（2）客房部经理参加营销部经理召集的接待协调会议，明确本部门接待任务和要求。

（3）召集本部门主管以上人员开会，制订部门接待计划，责任落实到人。

（4）本部门各岗点必须熟记贵宾的人数、姓名、身份、在店时间、活动过程等内容。

（5）各级管理人员逐级检查下级准备工作的完成情况，要求逐条落实。

（6）配合工程人员检查贵宾用房，确保设备使用无误，保证贵宾房的设施、设备始终处于良好状态。

（7）贵宾入住前 2 个小时按等级标准摆放好鲜花和果篮。

（8）贵宾为外籍宾客，应按照贵宾国籍送该国语言报纸，如没有，则送英文报纸。内宾送当日当地政府报纸。

（9）将电视调至贵宾母语频道。可能的话，显示中英文对照的欢迎词。

（10）贵宾抵店前 30 分钟，打开房门，开启室内空调、照明灯。

（11）贵宾抵店前 30 分钟，如有必要派班组负责从一楼门口至电梯口铺设红地毯并随时保持地毯清洁。

（12）房务中心在贵宾抵店时，立即电话通知相关部门。

（13）礼宾员安排专人等候在电梯门口，专为贵宾开电梯。

（14）贵宾抵店，由客房部经理率当值管理人员及优秀服务员在楼层迎接。

（15）在贵宾入住 3 分钟内，根据人数送上欢迎茶。

（16）贵宾住店期间，客房部当值员工应密切配合安保人员做好保卫工作。热情礼貌、准确有效地答复贵宾提出的问题。

（17）客房部做好贵宾在店期间的各项服务工作。

（18）关于贵宾洗衣服务：

◆取回贵宾衣物，立即注明 VIP，进行专门登记与存放。

◆贵宾的衣物，由洗衣房主管全面检查跟进，确保洗衣质量。

◆严格检查，按面料确定洗涤方式，确保不发生问题。

◆贵宾衣物，单独洗涤。

◆贵宾衣物洗涤以后，交熨烫组领班负责熨烫。

◆洗衣房主管亲自检查洗衣质量。

◆包装完毕，立即送至楼层。

2. 接待规格

（1）酒店豪华轿车一辆负责迎送贵宾。

（2）贵宾在店期间，酒店豪华轿车一辆 24 小时听候调用。

（3）贵宾抵店前 15 分钟，安全部保安、酒店欢迎队伍（必要时请乐队）等在主楼通道前就位，等候贵宾抵达；贵宾抵店前 10 分钟，董事长、酒店总经理、营销部经理到一楼门厅外的车道处等候迎接。

（4）贵宾抵店时，酒店总经理陪同直接从专用通道进入客房。

（5）客房部经理、当值主管、领班及优秀服务员楼层迎接。

（6）前厅部经理或大堂经理陪同房内登记或免登记。

3．客房布置

表 4　客房布置清单

品名	规格	数量	摆放位置	备注
鲜花	高档盆插	大小号各一	主卧室、客厅	酒店提供，每日更换
晚间鲜花	藤编花篮	1 篮	床头	酒店提供，每日更换
果篮	高档果篮	1 篮	客厅茶几	进口水果，每日更换
酒水	进口红葡萄酒	1 瓶	小酒吧台	配冰桶及四只酒杯
欢迎点心	西点和巧克力	4 块	盛放托盘内，置于小酒吧台上	酒店定制，每日更换
晚间小食	夜床巧克力	1 盒	床头	酒店定制
绿色植物	有生命	2 盆	客厅	视区域面积而定
欢迎卡	酒店贵宾专用卡	1 张	鲜花上	总经理签名

每天首先安排 VIP 房卫生清扫，贵宾外出时均需清扫房间。贵宾房夜床服务安排在晚上 7 时以后。

（二）VB 级客人

1．接待流程

（1）接到营销部下发的"VIP 客人接待计划书"，立即仔细阅读并记录在案。

（2）客房部经理参加营销部经理召集的接待协调会议，明确本部门接待任务和要求。

（3）召集本部门主管以上人员开会，制订部门接待计划，责任落实到人。

（4）本部门各岗点必须熟记贵宾的人数、姓名、身份、在店时间、活动过程等内容。

（5）各级管理人员逐级检查下级准备工作的完成情况，要求逐条落实。

（6）配合工程人员检查贵宾用房，确保设备使用无误，保证贵宾房的设施、设备始终处于良好状态。

（7）贵宾入住前 2 个小时按等级标准摆放好鲜花和果篮。

（8）贵宾为外籍宾客，应按照贵宾国籍送该国语言报纸，如没有，则送英文报纸。内宾送当日当地政府报纸。

（9）将电视调至贵宾母语频道。可能的话，显示中英文对照的欢迎词。

（10）贵宾抵店前 30 分钟，打开房门，开启室内空调、照明灯。

（11）房务中心在贵宾抵店时，立即电话通知相关部门。

（12）礼宾员安排专人等候在电梯门口，专为贵宾开电梯。

（13）贵宾抵离店，由客房部经理率当值管理人员及优秀服务员在楼层迎送。

（14）热情礼貌、准确有效地答复贵宾提出的问题。

（15）贵宾在店期间，注意应有的服务水准。

（16）关于贵宾洗衣服务：

◆ 取回贵宾衣物，立即注明 VIP，进行专门登记与存放。

◆ 严格检查，按面料确定洗涤方式，确保不发生问题。

◆ 贵宾衣物，单独洗涤。

◆ 贵宾衣物洗涤以后，交熨烫组优秀服务员负责熨烫。

◆ 洗衣房领班检查洗衣质量。

◆ 包装完毕，立即送至楼层。

2. 接待规格

（1）如有需要酒店安排轿车一辆负责迎送贵宾。

（2）贵宾在店期间，酒店轿车一辆 12 小时听候调用。

（3）贵宾抵店前，酒店总经理、营销部经理、大堂经理等在一楼门厅外的车道处等候迎接。

（4）贵宾抵店时，大堂经理陪同直接从专用通道进入客房。

（5）客房部经理、当值主管、领班及优秀服务员楼层迎接。

（6）大堂经理陪同房内登记。

3. 客房布置

表5　客房布置清单

品名	规格	数量	摆放位置	备注
鲜花	普通盆插	大小号各一	主卧室、客厅	酒店提供
晚间鲜花	普通花篮	1 篮	床头	酒店提供
果篮	中档果篮	1 篮	客厅茶几	进口水果，每日更换
酒水	国产红葡萄酒	1 瓶	小酒吧台	配四只酒杯
欢迎点心	西点或巧克力	4 块	小酒吧台	酒店定制，每日更换
晚间小食	夜床巧克力	1 盒	床头	酒店定制
绿色植物	有生命	1 盆	客厅	视区域面积而定
欢迎卡	酒店贵宾欢迎卡	1 张	鲜花上	总经理签名

（三）VC 级客人

1. 接待流程

（1）接到营销部下发的"VIP 客人接待计划书"，立即仔细阅读并记录在案。

（2）客房部经理参加营销部经理召集的接待协调会议，明确本部门接待任务和要求。

（3）召集本部门主管以上人员开会，制订部门接待计划，责任落实到人。

（4）本部门各岗点必须熟记贵宾的人数、姓名、身份、在店时间、活动过程等内容。

（5）各级管理人员逐级检查下级准备工作的完成情况，要求逐条落实。

（6）配合工程人员检查贵宾用房，确保设备使用无误，保证贵宾房的设施、设备始终处于良好状态。

（7）贵宾入住前 2 个小时按等级标准摆放好鲜花和果篮。

（8）贵宾抵店前 30 分钟，打开房门，开启室内空调、照明灯。

（9）房务中心在贵宾抵店时，立即电话通知相关部门。

（10）热情礼貌、准确有效地答复贵宾提出的问题。

（11）关于贵宾洗衣服务：

◆取回贵宾衣物，立即注明 VIP，进行专门登记与存放。

◆严格检查，按面料确定洗涤方式，确保不发生问题。

◆贵宾衣物，单独洗涤。

◆贵宾衣物洗涤以后，交熨烫组优秀服务员负责熨烫。

◆洗衣房领班检查洗衣质量。

◆包装完毕，立即送至楼层。

（12）贵宾房号严格保密，不得私自外传。

2. 接待规格

（1）贵宾抵店前，营销部经理、大堂经理在一楼门厅外车道处等候迎接。

（2）贵宾抵店时，大堂经理陪同直接从专用通道进入客房。

（3）当值主管、领班及优秀服务员楼层迎接。

（4）大堂经理陪同房内登记。

3. 客房布置

表6 客房布置清单

品名	规格	数量	摆放位置	备注
鲜花	普通花篮	1篮	写字台	酒店花房提供
晚间鲜花	康乃馨	1支	床头	酒店花房提供
果篮	普通果篮	1篮	客厅茶几	国产水果，每日更换
欢迎饮料	鸡尾酒	1扎	迷你吧台	酒店自制
欢迎点心	西点或巧克力	4块	小酒吧台	酒店定制，每日更换
晚间小食	夜床巧克力	1盒	床头	酒店定制

（续上表）

品名	规格	数量	摆放位置	备注
绿色植物	有生命	1盆	客厅	视区域面积而定
欢迎卡	酒店贵宾欢迎卡	1张	鲜花上	总经理签名

（四）VD 级客人

1. 接待流程

（1）接到营销部下发的"VD 客人接待通知单"，立即仔细阅读并记录在案。

（2）根据"VD 客人接待通知单"，修改电脑相应记录。

（3）客房服务员必须报出宾客姓名。

2. 客房布置

表7　客房布置清单

品名	规格	数量	摆放位置	备注
鲜花	瓶插鲜花	2瓶，每瓶1支	写字台、卫生间台面上	
晚间鲜花	玫瑰	1支	床头	根据酒店花房提供时令品种
果盘	香蕉、红富士苹果	各2个制作一盘	圆茶几上	根据季节可变化另两种
晚间小食	巧克力	1盒	床头	酒店定制
欢迎卡	酒店贵宾欢迎卡	1张	圆茶几上	酒店定制，驻店经理签名

八、VIP 客人离店前的准备工作

（1）VIP 接待具体负责人落实 VIP 客人离店的准确时间，通知房务部、前厅部、保安部等相关部门做好离店时的准备和送客服务。

（2）大堂副理督促、协助行李员及时、快速地收齐客人行李送至指定地点。

（3）前台收银汇总账目，准备好账单，便于结算。

九、VIP 客人离店欢送工作

（1）通知总经理和有关人员提前到达大堂欢送，必要时组织员工欢送。

（2）快速落实房间是否有遗留物品或未取回的衣物等未完成事宜。

（3）高度关注客人需求，欢送客人，直至 VIP 客人离店。

十、VIP 客人离店后的工作

（1）VIP 客人离店后由营销部或总办负责收集客人意见，通过跟踪报告的形式反馈至相关部门，并落实整改。

（2）各部门整理 VIP 客人个性资料，使下次接待更加完美。

（3）由营销部负责完成本次接待的小总结。

📖 阅读材料

香格里拉酒店贵宾金环会

贵宾金环会不只是一个普通的常客奖励计划，也是专为香格里拉酒店集团最忠实的贵宾而精心设计。每次您入住香格里拉集团旗下的酒店，都能享受我们为您奉上的各项尊崇礼遇及专享优惠。

贵宾金环会的理念十分简单：坚持不懈，孜孜不倦，为您——我们最尊贵的客人，创造难以忘怀的美好经历。

回馈您的忠实惠顾

无论您是下榻酒店，还是在酒店享用美食佳酿、体验豪华香格里拉 CHI 水疗奢华疗程等，都可轻松累计贵宾金环会奖励积分。

您可凭积分在香格里拉集团旗下酒店兑换缤纷奖励，包括免费的酒店住宿、餐饮服务、Spa 体验等；也可选择将贵宾金环会奖励积分转换为您心仪的航空公司常旅客飞行里程数。

为感谢您的忠实惠顾，贵宾金环会计划共设三个会籍级别：黄金级、翡翠级及钻石级。

每个级别均为会员提供一系列尊崇专享的特权与礼遇，让您感受"家外之家"的温馨愉悦。因为您是我们大家庭的一员，我们深知您的个人喜好及需求。

您下榻全球任何一家香格里拉集团旗下之酒店，我们会在您抵达前预知您的所需，为您将一切安排妥帖，让您尊享不同凡响的个性化服务。

贵宾金环会黄金级会籍

一经加入贵宾金环会，您即可尽享黄金级会员的专属礼遇，让您入住香格里拉的每时每刻均倍感愉悦难忘。

黄金级会员权益

◆入住或在酒店享用美食佳酿、体验香格里拉 CHI 水疗豪华疗程，即可赚取贵宾金环会奖励积分。

◆客房预订优先候补。

◆预先登记方便办理入住手续。

◆根据个人喜好精心安排，包括床铺和睡枕类型。

◆抵店时送上新鲜水果。

◆免收当地电话费。

◆每次入住期间可预支现金 250 美金。

◆每次合资格入住均可选择赚取贵宾金环会奖励积分或航空飞行里程数。

贵宾金环会翡翠级会籍

作为翡翠级会员，您将享有更高级别的特权及礼遇，让您感受"家外之家"的温馨愉悦。

翡翠级会员权益：

◆入住或在酒店享用美食佳酿、体验香格里拉 CHI 水疗豪华疗程，即可获赠25%的贵宾金环会额外奖励积分。

◆专门区域优先办理入住及退房手续。

◆抵达酒店前72小时预订，可享受客房保证权益，并享受客房预订优先候补。

◆预先登记方便办理入住手续。

◆若入住时会员预订之房型已满，可优先客房升级至更高一级别客房。

◆上午11时提前入住/下午4时延迟退房。

◆根据个人喜好精心安排，包括床铺和睡枕类型。

◆三项迎宾礼遇项目。

◆于咖啡厅免费享用早餐。

◆同伴同住免费，并可享用会员等级早餐。

◆免收当地电话费。

◆每次入住期间可预支现金250美金。

◆每次合资格入住均可选择赚取贵宾金环会奖励积分或航空飞行里程数。

客房预订保证预置为豪华客房的公开价格，订房时会员须提供信用卡号码以作保证。此优惠在某些日期不适用，亦不适用于兑换的客房奖励及只建有别墅的酒店。

需视酒店客房情况而定，但不适用于北京国贸大酒店、马尔代夫香格里拉度假酒店、巴黎香格里拉大酒店、东京香格里拉大酒店、多伦多香格里拉大酒店、温哥华香格里拉大酒店及伦敦香格里拉大酒店。

唯有与贵宾金环会会员同住一间客房的同伴，且最多一位，方可享受贵宾金环会的相关免费礼遇。

贵宾金环会钻石级会籍

作为最尊贵的钻石级会员，您将尽享贵宾金环会呈上的最高级别的特权及专享礼遇。

钻石级会员权益：

◆入住或在酒店享用美食佳酿、体验香格里拉 CHI 水疗豪华疗程，获赠50%的贵宾金环会额外奖励积分。

◆专门区域优先办理入住及退房手续。

◆于豪华阁/盛贸阁贵宾廊优先办理入住及退房手续，或在客房内办理入住手续（如适用）。

◆抵达酒店前48小时预订，可享受客房保证权益，并享受客房预订优先候补。

◆预先登记方便办理入住手续。

◆客房床型预订保证。

◆若入住时会员预订之房型已满，可优先客房升级至更高一级别客房。

◆上午8时提前入住/下午6时延迟退房。

- ◆免费熨烫西服一套。
- ◆免费使用度假酒店内指定康乐设施。
- ◆根据个人喜好精心安排，包括床铺和睡枕类型。
- ◆三项迎宾礼遇项目，其中包括一瓶免费的红或白葡萄酒。
- ◆与同伴免费使用豪华阁/盛贸阁贵宾廊的设施与服务。
- ◆于咖啡厅或豪华阁/盛贸阁贵宾廊免费享用早餐。
- ◆同伴同住免费并可享用会员等级早餐。
- ◆为非入住宾客而设的 24 小时礼宾服务。
- ◆免收当地电话费。
- ◆长途电话及传真仅收取成本费用。
- ◆每次入住期间可预支现金 300 美金。
- ◆每次合资格入住均可选择赚取贵宾金环会奖励积分或航空飞行里程数。

客房预订保证预置为豪华客房的公开价格，订房时会员须提供信用卡号码以作保证。此优惠在某些日期不适用，亦不适用于兑换的客房奖励及只建有别墅的酒店。

需视酒店客房情况而定，但不适用于北京国贸大酒店、马尔代夫香格里拉度假酒店、巴黎香格里拉大酒店、东京香格里拉大酒店、多伦多香格里拉大酒店、温哥华香格里拉大酒店及伦敦香格里拉大酒店。

唯有与贵宾金环会会员同住一间客房的同伴，且最多一位，方可享受贵宾金环会的相关免费礼遇。

> **知识要点三　　特殊宾客服务**

一、残障宾客服务

残障宾客是酒店的特殊宾客，了解残障宾客的心理需求特征，有助于做好相应的服务工作。

1. 残障宾客心理分析

（1）依赖性强：

残障人群的依赖性一般比较强，个人的独立生活能力差。特别是聋哑人士，因为从小缺乏有声语言，在一个无声的世界里生活，他们唯一能用来认识世界的就是一双明亮的眼睛，所有的信息全来自于直观感觉。因此，他们的模仿能力强，很容易受对方表面行为的影响。

（2）缺乏信心：

残障人士的残疾与缺陷是生理性、器质性的，很难改变，致使他们产生不同程度的自卑和畏缩心理。生活中每个人都有掩饰自身缺陷的倾向，残障人士也是如此。他们一般都很在意自身的缺陷，比如，手部有残疾的人在公众场合喜欢将手放在裤兜里，盲人喜欢戴墨镜等，这是对自己缺乏信心的表现。

（3）其他心理：

残障人群由于生理上的缺陷，会产生许多心理障碍，出现许多心理问题，如自控能力差、意识薄弱，容易暴躁、焦虑、胆怯、恐惧，且比较任性、多疑、固执、孤僻等。

2. 残障宾客的服务要求

（1）更多爱心：

残障人士生理上有残疾，由于社会上的种种偏见，人们对他们的了解认识不够，关心和尊重也不够，因此，酒店在接待残障宾客的时候要尽量给予更多的关爱、信任、尊重、鼓励，更多的贴心服务和更温馨的居住环境，尤其是客房服务员对残障宾客的理解、尊重、关心和爱护非常重要。一个称职的客房服务员必须懂得"关爱"的艺术，将"关爱"体现在"关怀、理解、支持"这六个字上。在残障宾客入住期间，要无微不至地关心他们，用热情的服务温暖他们。只有这样，才能使残障宾客感受到来自酒店的关爱。

（2）更多耐心：

残障宾客由于身体的缺陷，个人独立生活的能力较差，对服务员依赖性强，这都在情理之中。客房服务员不能因为需为残障宾客做较多工作而产生歧视、厌弃和排斥的情绪，更要做到耐心关爱、态度和蔼；同时应该对残障宾客在生活上坚韧的毅力表示鼓励和赞许，充分给予残障宾客以信心。

（3）更多细心：

残障宾客与普通宾客不同，无论从生活上，还是从心理上都需要区别对待。客房服务员在接待残障宾客的时候需要更加细心，善于察言观色，提前判断残障宾客的服务要求。

（4）减少偏见：

客房服务员在接待残障宾客的时候不可嘲笑、讽刺或排斥，同时不可将目光停留在残障宾客的身体缺陷处，避免给残障宾客带来较大的压力。

3. 残障宾客的服务程序

常见的残障宾客有三种类型：一是坐轮椅的残疾宾客；二是盲人或视力不佳的宾客；三是听力不佳的宾客。残障宾客需要酒店特别关注，尤其需要服务员精心照料。

（1）酒店如有残疾人客房，应给客人安排此类客房。若没有，应将客房尽量安排在低楼层、靠近电梯处，以方便残障宾客进出。

（2）客人抵店前，客房部应根据前厅部等部门提供的资料，了解客人的相关信息，如姓名、生活特点、有无家人陪同及特殊要求等，做好相应的准备工作。

（3）客人抵店时，客房服务员应在电梯口迎接，问候客人并视需要提供必要的帮助，如帮助提拿行李、搀扶客人进入客房等。

（4）视情况向客人介绍房间内设施、设备和配备的物品，使客人尽快熟悉房内环境。

（5）客人住店期间，应特别关注，适时提供帮助，如搀扶客人进出电梯、客房，提醒客人注意安全等。发现客人到酒店其他区域时应及时通知相关部门。

（6）主动询问客人是否需要客房送餐服务，配合餐饮部人员做好客房送餐服务工作。

（7）尽力承办客人委托的事项，通过相关部门协作及时完成并回复客人。

（8）客人离店时，服务员应主动征询客人的意见和要求，并通知行李员帮助客人提拿行李，送客人进入电梯后方可离开。

阅读材料

"无障碍"五星级酒店

北京港澳中心瑞士酒店是亚洲第一家"无障碍"五星级酒店。该酒店从门外到门内，处处设施都为方便残障人士而设计，显现出人性化、国际化与现代化的光辉。残奥会期间，这里作为国际残奥委会（IPC）的指挥中心，每日举办IPC的执委会例会，同时还要负责各国国家元首、王室成员等贵宾和未来举办城市观察员的接待工作。

酒店旋转门上特设一个"残障人士通过专用"按钮。按下按钮，旋转门转速由快变慢，这时乘轮椅或者行动不便的客人可以从容地进入。走进大门，前台两侧的接待台比正常高度稍矮一些，这正是为了方便残障人士办理入住手续而设计的。

通往客房的6部电梯内均配有扶手栏杆，设有供普通人与残障人士使用的左右两个楼层按钮面板，所有按钮上均配有盲文。置身电梯，随着清脆的"BB"声，电梯逐层上升。据介绍，这种独特的声音可为盲人做提示服务。

酒店第四层是酒店特别为残障人士提供的"无障碍楼层"，而第四层是酒店客房楼层的第一层，是离酒店大堂最近的客房楼层。这样设计也是为了在紧急情况下方便身体有障碍的客人于第一时间撤出。服务员在客人入住酒店时，会充分了解客人的具体情况，比如身体哪个方面有不便或残疾。残奥会期间，前台的员工每4个小时打印一份房态表，一旦遇到紧急情况，会有服务员上门一对一地协助残障人士。

第四层共有40个房间，客房门扩宽到85厘米，可以方便乘普通及电动轮椅的客人无障碍进出。房间洗手台、镜子可调整角度，浴缸、恭桶等卫生间设施的尺寸和位置也做了相应的调整。

二、受伤宾客服务

服务员在酒店任何场所发现客人受伤或生病都应立即报告，尤其是客房部服务员，应在工作中随时留意是否有伤病客人。

1. 受伤宾客的服务要求

（1）冷静处理：

发现住客出现受伤情况，客房服务员需冷静处理，不可慌乱，更不可出现无作为或者围观的情况。

（2）抓住重点：

宾客出现受伤情况，应先处理宾客的伤病，不得先纠缠责任或就医费用问题。

（3）及时上报：

客房服务员需牢记自己的岗位职责，对职责之外的事情必须及时报告，不可隐瞒。对宾客受伤的事件，客房服务员需及时上报领班或主管。

2. 受伤宾客服务的基本程序

客人在客房内遭受到的伤害大多数与客房内的设备、用品有关，一是设备、用品本身有故障，二是客人使用不当。

（1）安抚并检查客人受伤情况：

◆发现客人受到意外伤害后，客房服务员应视情况立刻帮助受伤客人移至安全位置。

◆向客人表示同情及乐意帮助，查验客人伤势，并尽量安抚客人。

◆如果能确认客人受伤轻微，则需询问客人是否需要协助送医检查，或是否需要别的帮助。

◆如情况紧急（如发生客人溺水、骨折等事件），服务员须立即上报，并利用已有的急救知识做适当救护。

（2）及时传递信息及维护现场：

◆将客人受伤经过和伤势迅速通知医务室和领班。

◆保护好现场，等候保安部等相关部门查看，找出客人受伤的原因。

◆如客人受伤是酒店的责任，除酒店相关人员外，应采取保密措施。

（3）做好日常服务

◆清扫整理受伤客人的客房需特别细心，速度要快，尽量减少对客人的影响。

◆提供针对性服务，为受伤宾客提供必要的客房用品和饮食服务，如客房送餐服务。

◆主动征求客人意见，对客人提出的合情合法要求应尽量给予满足。

案例分析

客人淋浴时被烫伤了

一天晚上，王先生在浴室洗澡，哪知调好的水温突然自行升高，将王先生背上的皮肤烫伤了。他非常生气，匆匆穿好衣服后叫来客房部主管："你们这是什么酒店，淋浴出来的竟然是开水！"

主管申辩解释道："我们酒店供给客房的大炉水温最高是60℃，一般情况下是不可能烫伤人的。可能是由于您不注意，将水龙头的方向拧错了，所以才出来大量热水。"

王先生听了更加恼火，抢着说道："你真是岂有此理，明明是你们的设备有问题，还怪我不注意。我要找你们经理理论，你们必须负责我的治疗费和赔偿费。"

客房部经理听闻此事，赶紧向客人表达歉意，并表示如果客人确因烫伤而产生的医疗费用由酒店承担，客人这才勉强表示同意。

点评：

（1）目前有些酒店的淋浴器仍是老式的，出水口固定在上方，下面是开关把手。这种结构的淋浴器让客人不得不一边调节水温，一边淋着还未调好的水。酒店应对这些老式的淋浴器改造成可自由移动式的，方便客人使用。

（2）酒店应将淋浴器的使用方法张贴在浴室显眼位置，并在水龙头开关处用红色标记热水，绿色标记冷水，以消除客人洗澡被烫伤的安全隐患。

（3）当客人提出申诉或索赔时，酒店员工应掌握客人的心理，注意使用合适的语言技巧，解释、争辩可能会使事态恶化，带来消极不良的后果。

三、生病宾客服务

个别客人因旅途劳累、水土不服或其他原因，可能会突然生病，他们更需要细心的照顾和服务。

1. 生病宾客的服务要求

（1）表示关怀及乐意帮助：

客人生病，服务员需表示关怀及乐意帮助，礼貌询问客人病情，并提醒客人有驻店医生的服务。酒店如没有店内医生，应征询客人是否愿意去医院。

（2）及时上报：

发现客人生病，客房服务员须及时上报，并在工作报表及交接班本上做好记录。

（3）主动关心：

宾客住店期间生病，无论是其身体上还是心理上都会出现痛苦。客房服务员要主动给予宾客以关心，对宾客的境遇表示同情，以减少宾客心理上的恐惧和孤独感。

（4）如得知客人是传染病人，须做到以下几点：

◆在注意保密工作的前提下，应立即与医院联系。

◆劝阻客人不要进入酒店任何公共场所，直到医院人员到达。

◆对宾客客房用品及所使用的布草进行消毒。

2. 生病宾客服务的基本程序

（1）客房服务员发现客人生病需表示关怀及乐意帮助。

（2）礼貌询问客人病情，了解客人的生病原因。

（3）提醒客人有驻店医生的服务；没有驻店医生的酒店，应征询客人是否愿意去医院。

（4）为客人提供必要的生活用品，如纸巾、茶杯、热水瓶、垃圾桶等。

（5）询问客人有无需要代办的事项，如客房送餐服务等。

（6）建议并协助客人与附近的亲朋好友取得联系，提醒客人按时服药，推荐适合客人的食品。

（7）随时留意房内动静，适时进客房观察并询问客人有无特别需求。

（8）在交接班本上做好记录。

案例分析

为生病客人提供服务

一天，客房服务员小江到 1209 房为李小姐送毛巾时，发现李小姐面色苍白，双手捂住小腹，神情比较痛苦。小江主动询问客人，了解原因。原来李小姐正好来例假，还有些水土不服。小江主动为李小姐送上了热热的红糖姜水，还为李小姐拿来了热水袋。李小姐想让小江到药店买一包止痛片，小江婉转地拒绝了客人的要求，并告诉李小姐酒店有驻店医生，如果有需要的话，可以到医务室就诊。李小姐实在没想到在酒店还能受到这样的照顾，倍感温暖。

点评：

大部分情况下，服务员在酒店遇到的疾病都是比较常见的，可以根据常识和经验作出判断。客房服务员能想客人所想，为客人提供超常服务，这是酒店高质量服务的体现。

知识要点四　　主要客源国/地区客人特点及禁忌

一、主要客源国/地区概况

表8　主要客源国/地区概况列表

国家/ 地区	国花/ 代表花	主要民族	主要语言	使用货币	宗教信仰
韩国	木槿花	朝鲜族	韩语	韩元	佛教、基督教、 天主教、儒教
日本	樱花	大和族	日语	日元	神道教、大乘佛教
澳大利亚	金合欢	英国及欧洲其他 国家移民后裔	英语	澳大利亚元	基督教
俄罗斯	葵花	俄罗斯族	俄语	卢布	东正教、伊斯兰教
美国	玫瑰	白人占83%	英语	美元	基督教新教、天主教
法国	鸢尾花	法兰西人	法语	欧元	多信奉天主教，少数信基督 教新教、犹太教、伊斯兰教
英国	玫瑰花	英格兰人、苏格兰人、 威尔士人、北爱尔兰人	英语	英镑	多信奉基督教新教
德国	矢车菊	德意志人	德语	欧元	基督教新教、天主教
加拿大	枫叶	英裔居民、法裔居民	英语、 法语	加拿大元	基督教新教、天主教
中国香港	紫荆花	华人、外国移民	粤语、 英语	港币	佛教、道教为主

二、主要客源国/地区礼仪习俗常识

表9　主要客源国/地区礼仪习俗常识表

国家/地区	礼仪风俗	禁忌
韩国	主食为米饭，爱吃泡菜，爱喝浓汤，一般以汤匙就餐，夹菜时才用筷子；喜欢白色；尊重长者；在任何场合都彬彬有礼、衣着整齐；男人见面互相鞠躬、握手，妇女见面只鞠躬不握手	认为数字"4"是不吉利的数字，送礼不送四个或两双；在长者面前抽烟要获允许；与长者谈话要摘去墨镜甚至一般眼镜；在正式场合不应叉腿坐；进入住宅或韩式饭店时要换拖鞋；与韩国人交谈，应回避韩国内政、与朝鲜关系、与日关系、男主人妻子等话题；收到礼品不当面打开；不要用外国烟作礼品（吸洋烟要罚款）
日本	日本人见面行30度或45度鞠躬礼；喜欢交换名片（日本成年人都有名片，女性使用比男性名片小的名片）；爱吃鱼；日本人注重等级，如在公开场合送礼，必须每人一份，但礼品应有档次区别；喜欢龟和鹤	与日本人相处，切忌有伤他们面子的言语和动作，他们不轻易流露自己的感情，视恼怒和急躁的言行举止为粗野；交谈中不宜评论日本国内政治问题和男女平等等问题；与日本人合影，不可三人一起合影（视左右被人夹着为不幸预兆）；收到礼品不当面打开；忌讳用餐时整理头发；忌讳有狐狸和獾图案的物品；一般不送带有菊花和装饰有菊花图案的东西（菊花为皇室家族的标志）；喜欢奇数不喜欢偶数；忌讳"梳子"；忌数字"4"和"9"；不能称呼老年妇女为"老太太"
澳大利亚	澳大利亚人很讲究礼貌，遵守秩序；见面握手，讲究女士优先；男子大多数不留胡须，出席正式场合时西装革履，女性着西服上衣西服裙；澳大利亚人的时间观念很强，约会必须事先联系并准时赴约，最合适的礼物是给女主人带上一束鲜花，也可以给男主人送一瓶葡萄酒；澳大利亚人在饮食上以吃英式西菜为主，其口味清淡，不喜油腻，喜食牛肉、猪肉等，他们喜喝啤酒，对咖啡很感兴趣	忌讳兔子；在社交场合，忌讳打哈欠、伸懒腰等小动作
俄罗斯	俄罗斯人见面礼是拥抱、亲吻或握手；爱喝茶，喝茶时配点心；主食为面包，喜欢吃牛肉、白菜、蘑菇；喜欢数字"7"；认为红色是吉祥和美丽的象征	忌讳数字"13"；不喜欢黑色；忌讳打碎镜子；不喜欢黑猫；忌讳握手或主动伸左手给对方

（续上表）

国家/地区	礼仪风俗	禁忌
美国	美国人见面与分手时行握手礼；称呼名字以示亲热；美国人平时穿着随便，但不可露出衬裤、衬裙，女士穿短裤、短裙；正式社交场合必须按请柬要求着装；业务交往讲究守时，但社交活动往往迟到；奉行女士优先原则；喜欢白色、黄色、蓝色和红色	与美国人交谈，忌过分谦虚和客套，忌问年龄，忌问物品价钱，忌见面说"你长胖了"；忌距离太近，忌打听个人私事；送礼讲究单数；忌讳数字"13"；讨厌黑猫和蝙蝠；忌讳黑色；忌讳礼品上带有送礼人公司标志的礼物；忌食各种动物的内脏；不吃蒜和过辣食品，不爱吃肥肉，不喜欢清蒸菜肴和红烧菜肴
法国	尊重女性，奉行女士优先；喜欢天蓝或淡蓝色；喜欢吃略带生味、极为鲜嫩的美味佳肴，喜欢生吃牡蛎、海鲜、蜗牛、青蛙腿、牛羊肉和香肠；喜欢花	讨厌黄色、灰绿色；不喜欢吃无鳞鱼；不送菊花或黄色的花；忌摆牡丹花及纸花；送花时不能送双数；男人不能送红玫瑰给已婚女子；忌讳核桃；忌用黑桃图案；男人不能向女人赠送香水；不喜欢孔雀、仙鹤、乌龟；忌讳数字"13"；忌讳别人打听自己的政治倾向、福利待遇以及私事
英国	英国人崇尚彬彬有礼、举止得当的绅士及有风度的淑女，尤其重女士优先原则；在公共场合有排队习惯，都在右边排队；英国人比较内向、寡言，与人交往初期比较矜持；交谈时，双方距离不要太近	不吃狗肉；忌讳打听个人私事；英国人不喜欢被统称为"English"（英格兰人），可将他们称为"British"（不列颠人）；英国人见面相互握手、道安，但男女间切忌拥抱；不喜欢大象、山羊、孔雀及其图案；讨厌墨绿色；用餐时忌碰撒盐瓶、打碎玻璃；忌讳数字"13"；忌讳百合花
德国	爱吃马铃薯，爱喝啤酒，讲究酒菜搭配；见面行握手礼；德国人讲究守时，讲究工作效率，重诺言，重认真履行契约（合同、日程、计划等）；任何安排的变动必须事先通知对方，进行协商；德国人特别爱整洁干净，注重衣着；他们不爱听恭维的话；不愿见到核桃（视为不祥）；忌送太个人化物品（服装、化妆品等）；礼品包装纸不用白色、黑色、棕色，也不用彩带系扎	不爱吃鱼；忌讳"13"和"星期五"；与德国人交谈，不要打听个人私事；忌讳谈政治、宗教、生活方式、种族纠纷、道德规范等问题；不喜欢听恭维的话；不喜欢黑猫、公羊、仙鹤、孔雀；不喜欢核桃；忌讳四人交叉握手；忌讳在公共场合窃窃私语

（续上表）

国家/地区	礼仪风俗	禁忌
加拿大	加拿大人生活习性包含着英、法、美三国人的综合特点；偏爱白雪，视白雪为吉祥的象征；在社交场合与客人相见时，一般都惯行握手礼；加拿大人守时；在谈话中不要偏袒分裂主义——把加拿大分成讲法语和讲英语的两个国家，加拿大人以自己的国家为自豪，反对与美国作言过其实的比较；爱吃烤制食品，习惯用刀叉，喜欢吃家乡风味烤牛排，尤以半生不熟的嫩牛排为佳，习惯饭后喝咖啡和吃水果	不喜欢白色百合；忌讳"13"、"星期五"；忌吃虾酱、鱼露、腐乳和臭豆腐等有怪味、腥味的食物；忌食动物内脏和脚爪；也不爱吃辣味菜肴
中国香港	社交场合一般行握手礼；交谈不能涉及私人问题，如收入、房租等；只有隆重场合才穿西装；喜欢红、黄等鲜艳的颜色；喜欢"3"和"8"；对一般的男士称"先生"，女士称"小姐"，如果是对年纪大的男子可称"阿叔"或"阿伯"，年长的女子称"阿婶"	春节期间不说"新年快乐"；与香港人见面前应该先电话预约；去人家家里作客可以准备一些水果、饼食作为礼物，千万不要空手去；香港的中老年妇女忌称"伯母"，大妻向港人介绍称"先生"或"太太"，勿称"爱人"，在香港，"爱人"有"第三者"的意思；香港饮食业的雇员在店内不能看书，因为"书"与"输"谐音

知识要点五　　客房部常用术语及日常英语

一、客房部常用词汇

1. 客房常用术语

表 10　客房常用术语表

中文	英文	中文	英文
房间状态	Room Status	请勿打扰房	Do Not Disturb
房间种类	Room Type	外宿房	Sleep Out
双人间	Double Room	未结账房	Skipper
单人间	Single Room	空房	Vacant
套房	Suite	代售房	Vacant and Ready

（续上表）

中文	英文	中文	英文
相邻房	Adjoining Room	待修房	Out – of – order
住客房	Occupied	双锁房	Lock – out
免费房	Complimentary	准备退房	Expected Departure
请即打扫房	Make up Room	保留房	Out of the Turn
贵宾房	VIP	轻便行李房	Light Luggage
无行李房	No Luggage	加床房	Extra Bed
未清扫房	Vacant and Dirty	长住房	Long Staying Guest
续住房	Stayover	走客房	Check – out
打扫房	On – change	延时离店房	Late check – out

2. 房间设施、设备名称

表11　房间设施、设备名称表

中文	英文	中文	英文	中文	英文
睡眠空间	Sleeping	床单	sheet	被子	quilt
盥洗空间	Washing	被罩	bed – cover	枕头	pillow
起居空间	Living	枕套	pillowcase	毛毯	blanket
书写空间	Writing	床垫	mattress	床头灯	bed – side lamp
存储空间	Storing	床头灯罩	lamp shade	灯泡	light bulb
床头柜	bedside table	电话	telephone	便签	note paper
请勿吸烟卡	please don't smoke on the bed	夜灯	night light	毛巾架	tower rack
洗手盆	wash hand basin	面盆水龙头	tap	吹风机	hairdryer
化妆镜	vanity counter	肥皂碟	soap dish	卷纸架	toilet paper holder
垃圾筒	garbage can	小巾	hand towel	面巾	face towel
口杯	drinking glasses	烟灰缸	ashtray	浴帽	shower cap
牙刷	toothbrush	牙膏	toothpaste	梳子	comb
针线包	a swing kit	洗发水	shampoo	润肤露	body lotion
肥皂	soap	面巾纸	tissue	卷纸	toilet paper
剃须刀	razor	抽水马桶	toilet bowl	浴缸	bath tub
浴袍	bathrobe	浴帘	shower curtain	扶手椅	armchair
落地灯	floor lamp	窗帘	curtain	电视	TV
遥控器	remote control	小酒吧	mini bar	酒单	minibar list
节目单	TV program list	电视柜	TV shelf	冰筒	ice bucket

（续上表）

中文	英文	中文	英文	中文	英文
写字台	writing desk	梳妆镜	dressing mirror	台灯	lamp
节目架	TV program shelf	梳妆椅	dress table stool	文具盒	stationery box
服务指南	Service Guide	衣架	hanger	信封	envelope
备用枕头	extra pillow	壁橱	wardrobe/closet	洗衣单	laundry list
洗衣袋	laundry bag	鞋拔子	shoehorn	擦鞋纸	shoeshine
拖鞋	slipper	保险箱	safe	行李架	luggage rack
电源插座	socket	空调	air condition	紧急疏散图	fire escape plan

二、客房部常用服务用语

1. 欢迎、问候用语

（1）Good morning（afternoon，evening），sir（madam）

早上（下午、晚上）好，先生（夫人）。

（2）How do you do?

您好！（初次见面）

Glad to meet you.

很高兴见到您。

（3）How are you?

您好吗？

（4）Welcome to our hotel.

欢迎光临我们酒店。

（5）Wish you a most pleasant stay in our hotel.

愿您在我们宾馆过得愉快。

（6）I hope you will enjoy your stay with us.

希望您在我们宾馆过得愉快。（客人刚入店时）

I hope you are enjoying your stay with us.

希望您在我们宾馆过得愉快。（客人在宾馆逗留期间）

I hope you have enjoyed your stay with us.

希望您在我们宾馆过得愉快。（客人离店时）

（7）Have a good time!

祝您过得愉快！

2. 祝贺用语

（1）Congratulations!

祝贺您！

（2）Happy birthday！

生日快乐！

（3）Happy new year！

新年快乐！

（4）Merry Christmas！

圣诞快乐！

（5）Have a nice holiday！

假日快乐！

（6）Wish you every success！

祝您成功！

3．答谢和答应语

（1）Thank you（very much）！

谢谢您（非常感谢）！

（2）Thank you for your advice（information，help）

感谢您的忠告（信息、帮助）。

（3）It's very kind of you.

谢谢，您真客气。

（4）You are welcome.

不用谢。

（5）Not at all.

不用谢。

（6）Don't mention it.

不用谢。

（7）It's my pleasure.

非常高兴为您服务。

（8）I am at your service.

乐意为您效劳。

4．道歉与答应语

（1）I'm sorry.

很抱歉。

（2）Excuse me.

对不起。

（3）I'm sorry，It's my fault.

很抱歉，那是我的过错。

（4）Sorry to have kept you waiting.

对不起，让您久等了。

（5）Sorry to interrupt you.

对不起，打扰您了。

（6）I'm sorry about this.

对此表示抱歉。

（7）I apologize for this.

我为此道歉。

（8）That's all right.

没关系。

（9）Let's forget it.

算了吧。

5．征询和指路用语

（1）What can I do for you?

我能为您干点什么？

（2）May I use your phone?

我能借用您的电话吗？

（3）Certainly.

当然可以。

（4）Yes, of course.

当然可以。

（5）Go upstairs/downstairs.

上楼/下楼。

（6）It's on the second（third）floor.

在二（三）楼。

（7）Where is the washroom（restroom, elevator）?

请问盥洗室（休息室、电梯）在哪儿？

（8）This way, please.

请这边走

（9）Turn left（right）.

往左转（右转）。

（10）It's in the lobby near the main entrance.

在大厅靠近大门的地方。

6．提醒和告别用语

（1）Mind（Watch）your step.

请走好。

（2）Please be careful.

请当心。

（3）Please don't leave anything behind.

请别遗忘您的东西。

（4）Please don't smoke here.

请不要在这边抽烟。

（5）See you tomorrow.

明天见。

（6）Have a nice trip!

一路平安!

（7）Wish you a pleasant journey! Good luck!

祝您旅途愉快! 祝您好运!

7. 处理投诉与错误

（1）Thank you for telling us, madam (sir). I'll inform my manager about it at once. Please accept our apology.

谢谢您告诉我们，小姐（先生）。我会马上向经理报告这件事，请接受我们的道歉。

（2）I'm terribly sorry, madam (sir). There could have been some mistakes. I'll have it corrected at once（I'll look into the matter at once）.

我非常抱歉，小姐/先生，是我们出差错了，我马上改正过来（我马上去查这件事）。

8. 客房服务用语

（1）Housekeeping, may I come in?

客房服务员，我可以进来吗?

（2）Leave your laundry in the laundry bag behind the bathroom door.

请把要洗的东西放在浴室门后的洗衣袋中。

（3）I hope I'm not disturbing you.

我希望没有打扰到您。

（4）One moment, madam. I'll bring them to you right away.

等一会儿，夫人。我马上送来。

（5）I'll send for an electrician（doctor...）.

我给您请电工（大夫……）。

（6）I'm afraid you'll have to pay for the damage.

您必须赔偿。

（7）Thank you for telling us about it.

谢谢您告诉我们。

（8）I'll look into the matter right away.

我马上去处理这件事情。

（9）I assure you it won't happen again.

我保证此类事情不会再发生。

（10）Please don't worry, sir (madam).

先生（夫人），请不必担心。

（11）I will send someone up to your room right away.

我马上派人到你的房间去。

（12）I can't guarantee anything, but I'll try my best.

我不能保证，但我会尽力而为。

（13）Excuse me. Do you have any laundry?

对不起，请问有没有要洗的衣服？

（14）If you have any, please just leave it in the laundry bag behind the bathroom door.

如果您有衣服要洗，请放在浴室门后的洗衣袋里。

（15）Please tell us or notify in the list whether you need your clothes ironed, washed, dry-cleaned or mended and also what time you want to get them back.

请告诉我们或在洗衣单上写明您的衣服是否需要熨烫、水洗、干洗或缝补，还要写明何时需要取衣服。

（16）Could you please show me your room card?

请问能看一下您的房卡吗？

（17）May I make up the room now?

现在可以清理房间吗？

（18）It is designed with French window so you can enjoy the view of the city.

特别设计的落地大窗，让您尽享这座城市的景色。

（19）I am very glad to serve you, wish you enjoy your stay.

十分乐意为您服务，祝您住店愉快。

（20）Those flowers and fruits on the tea-table are our presents for you.

桌上的鲜花和水果是我们送给您的礼物。

（21）There are several kinds of drinks in the refrigerator.

冰箱里有各种饮料。

（22）Would you like turn-down service now?

我现在方便为您提供开夜床服务吗？

（23）If you need any help, please dial "22".

您有什么需求，请拨打客务中心电话"22"。

（24）There is a price list on the laundry sheet.

洗衣单上有价格。

（25）Please sign your name on the sheet.

请您在洗衣单上签字。

知识要点六　客房常规服务项目及服务规程

一、开夜床服务

开夜床服务又叫晚间服务或寝前整理，是一种高雅而亲切的对客服务形式，目的是为客人营造惬意而愉快的休息和睡眠环境。开夜床一般从晚上5点半或6点开始，或按客人要求做，也可在客人到餐厅用晚餐时进行。开夜床服务需在晚上9点之前做完，以免打扰客人休息。对当天晚间入住客人的房间，如果客人入住的时间较晚（超过晚上 10 点），则可提前把床开好。

1．开夜床服务的程序

开夜床服务包括三项工作：开夜床、房间整理、送晚安致意品。

表 12　开夜床的操作程序、操作规范及要求

程序	操作规范及要求
工作准备	1．准备房务车、清洁篮、晚安致意品 2．了解客房状态
进入客房	1．按进房要求进入客房 2．如客房有"请勿打扰"标志，则不能进房，可将提示卡塞入客房门内或挂在房门把手上
开灯、拉窗帘	1．如果客人不在房间，逐一开亮房灯，检查是否正常 2．拉上厚薄两层窗帘，注意确保窗帘完全合拢
清理烟灰缸、垃圾桶	把烟灰缸里的烟灰等杂物倒掉后洗净，将垃圾桶内的垃圾撤出，套好新的垃圾袋
撤杯具	将客人使用过的杯具撤出（客人自己的除外）
整理房间	1．将客房内凌乱的物品，如书刊、报纸、衣服等整理好 2．根据酒店规定补充用品，并按要求摆放
开夜床	1．将床头被子反折 30°或 45°角，做成雪糕筒形状，拍松枕头并将其摆正 2．标准间住一位客人时，一般开临近卫生间那张床的靠床头柜一侧；住两位客人时则各自开靠床头柜的一侧。单人间或大床间住一位客人时，开有电话的床头柜一侧；大床间住两位客人时则各开靠床头柜的一侧
放置晚安卡、早餐牌等物品	1．将晚安卡、遥控器放在床头柜上，早餐牌字面朝上放在床头柜上或床上 2．夜床巾放于床头柜前的地毯上，上面摆放拖鞋 3．晚安致意品放在酒店规定的位置
打开电视机和背景音乐	1．打开电视开关，检查电视频道设定是否正确，音像是否清晰，并将其调至酒店规定的频道和音量 2．打开床头柜背景音乐至低档音量

（续上表）

程序	操作规范及要求
整理卫生间	1. 清洗烟灰缸等用过的器皿，擦干后归位 2. 清洗并擦净客人用过的卫生洁具 3. 将浴帘拉开2/3，浴帘底部放入浴缸内。地巾展开，平铺在紧靠浴缸的地面上。如果配备的是淋浴房，则将防滑垫铺在淋浴房内，地巾展开平铺在淋浴房外 4. 补充卫生间消耗品 5. 将浴衣挂在卫生间门后的挂钩上
自我检查	环视客房，检查是否有疏漏的地方
退出房间	1. 关灯（床头灯、地灯、应急灯除外），关上房门 2. 填写"客房晚间整理登记表"

表13　提示卡

提示卡

尊敬的宾客：

非常抱歉，因为下列原因未能及时为您提供清扫/开夜床服务：

□ 门上挂了"请勿打扰"牌

□ 双锁

□ 其他原因_____

若您需要，请拨打电话"9"，我们将随时为您服务。

谢谢！

客房服务员

表14　开夜床的方法表

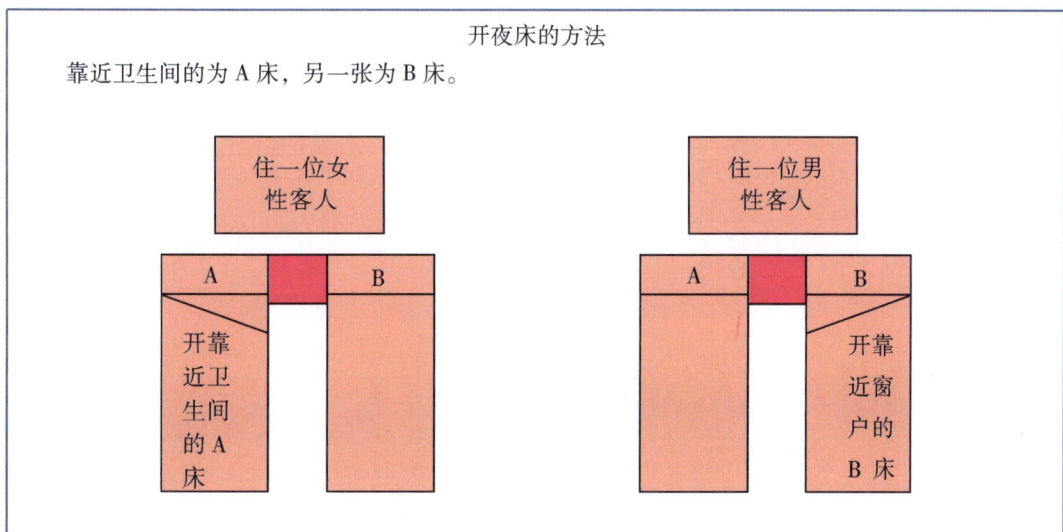

开夜床的方法

靠近卫生间的为A床，另一张为B床。

住一位女性客人：开靠近卫生间的A床

住一位男性客人：开靠近窗户的B床

（续上表）

住两位同性客人	住两位异性客人	住两位客人
A 同方向 / B 朝向窗户	A B 都朝向床头柜	A B 都朝向床头柜

住一位客人	住两位客人
A 从放电话的床头柜一侧开床	B 可开一侧，也可两边都开

客人堆放很多物品，可以不开床，但必须留纸条说明原因，并告知客人。若客人需要，可致电房务中心。

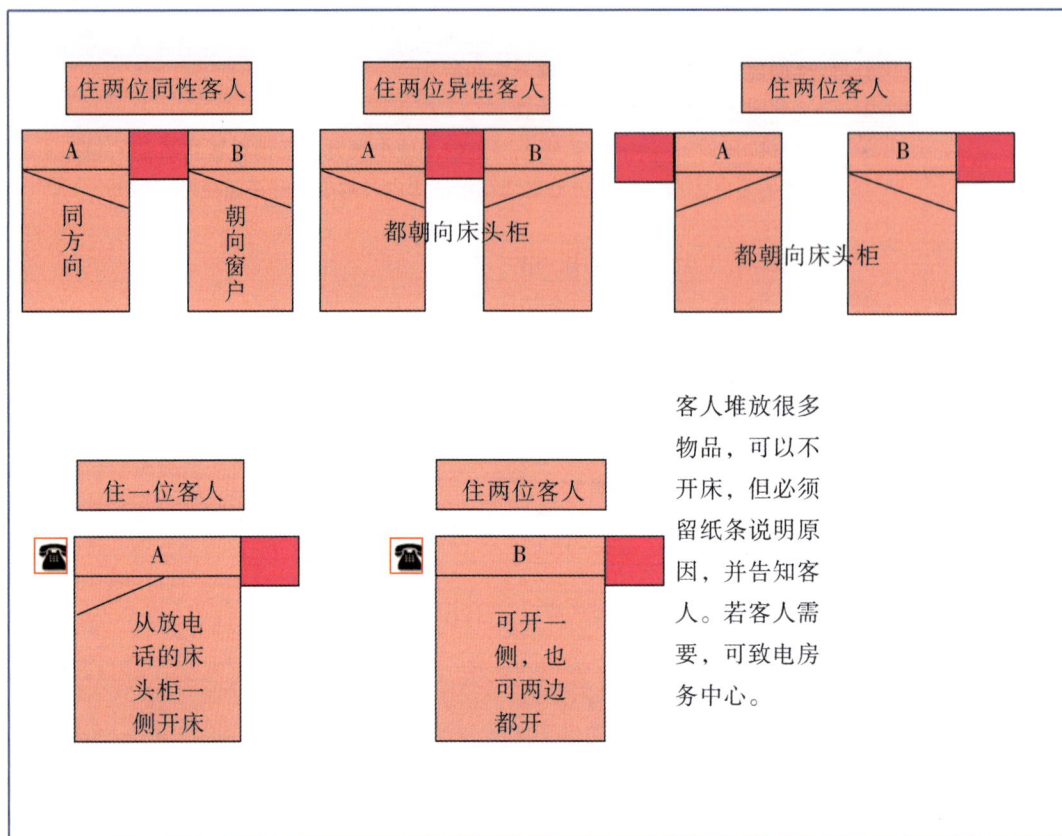

表15　客房晚间整理登记表

楼层：　　　　　日期：　　　　　姓名：

房号	房态	客人在房人数	进房时间	出房时间	房间整理					卫生间整理				更换物品垃圾袋	特别增补	备注
					开夜床	清理水杯、烟灰缸	拉窗帘	放报纸	晚安卡、早餐牌、拖鞋	放地巾	拉浴帘	补充物品	挂浴衣			

2．注意事项

（1）房间如有会客者，待其离开后再开床。

（2）开床时要注意床上是否有客人的小件物品。床上如有易碎物品，经客人同意将物品移换位置后方可开床；如果客人不在房间，可暂时不开床。

（3）住一位客人的房间，每天要开固定的床位；不可同时开两张床，以免引起客人的误解。

（4）客人的睡衣要放在开好的床上。

（5）开床的时间不宜太早或太晚，在晚上 6～8 点开夜床比较好。

（6）在撤换客人用过的毛巾时，要查看里面有没有夹带客人自己的毛巾。

（7）清理台面时，要注意客人的易碎品。

（8）客人不在时，不要动客人的贵重物品。

（9）更换杯具时，要认真检查杯内是否有客人的假牙或其他物品。

二、叫醒服务

叫醒服务由酒店总机负责，但如果电话铃声无法叫醒熟睡的客人，接线员必须通知客房服务员前去敲门，直到叫醒客人为止。电话叫醒与人工叫醒相结合，可以尽可能地避免因叫醒失败给客人带来的损失和给酒店带来的麻烦。

在讲究细心服务的酒店，客房服务员还会应客人需要，按时提醒客人与客户电话联系、外出会客、吃药、办事等，将单纯叫醒服务扩大为"提示服务"。

1．叫醒服务程序

（1）接到人工叫醒服务的通知时，客房服务员应马上赶到房间，按程序敲门报身份。

（2）若有客人应答时，报"叫醒服务"。

（3）若无客人应答，按规范进入房间，检查客人是否起床离开。

（4）若发现客人仍在熟睡，应退至门口，继续敲门并报"叫醒服务"，可适当放大音量。

（5）若仍无法叫醒客人时，可走近客人，但应保持适当距离，轻轻推动客人的肩部，同时说："先生/小姐，现在是叫醒服务时间。"

（6）叫醒客人后，主动向客人道歉，并解释进房的原因。

（7）将客人叫醒后，及时回复服务中心，由服务中心通知总机服务已完成。

2．楼层叫醒服务的注意事项

（1）接到前台的团体叫醒通知单时，当值主管需根据叫醒时间、团队数量、是否为离店日等情况做好早晨的叫醒人员安排。

（2）叫醒服务时，若房间挂有"DND"牌，应通报大堂副理，经同意后方可去敲门；若仍无法叫醒时，由大堂副理和部门管理人员一起进房间叫醒客人。

表16　叫醒服务单

日期＿＿＿＿＿＿＿＿＿＿＿＿＿　　　　　楼层＿＿＿＿＿＿＿＿＿＿＿＿＿

房号	时间	房号	时间	填写人姓名
备注				

开动脑筋

　　史密斯先生是一位证券投资商，因第二天要坐早班机赶去纽约华尔街谈生意，他特意委托酒店在第二天早上6点叫醒他。服务中心的值班员当晚将所有要求叫醒的客人名单及房号都通知了电话总机接线员，并由接线员记录在叫醒服务一览表中。

　　第二天早上6点，接线员依次打电话给6位需要叫醒的客人，他们都已经起床。当叫到史密斯先生时，电话响了一会儿，史密斯先生才接起电话。接线员按常规说："早上好，现在是早上6点的叫醒服务。"接着传出史密斯先生有些含糊不清的声音："谢谢。"但史密斯先生回答以后又睡着了。等他醒来时已经是7点了。当他赶到机场时，飞机已经起飞了，只好又折回酒店。

　　史密斯先生认为酒店没有将其叫醒，必须承担他的所有损失。

　　问题：

　　1. 你认为酒店应该赔偿史密斯先生的损失吗？

　　2. 酒店应如何避免同类事件再次发生？

三、会议服务

　　在酒店功能中，会议设施及其服务越来越受到酒店管理者和客人的重视。无论何种星级的酒店都会有不同数量、不同形式、不同面积的会议室，同时提供会议设施及其服务，以满足客人召开各种类型会议的需求。

（一）会议的种类

　　会议主要包括普通会议、会见、会谈和签字仪式等几种类型。

　　1. 普通会议

　　普通会议根据与会人数可分为大型会议、中型会议和小型会议。小型会议出席人数少则几人，多则几十人，但不超过100人；中型会议出席人数通常为100~500人；大型会议出席人数在500人以上。

　　2. 会见

　　会见是国际、国内交往中常见的礼宾形式之一，会见根据双方的身份、职位的高低、时间的先后而分为接见、拜见（拜会）、召见和回拜，一般统称为会见。会见的内容有礼节性的，也有实质性的，或二者兼而有之。从会见的规格来说，从几十人到几百人不等。

3．会谈

会谈是指双方或多方就政治、经济、文化、军事等共同关心的问题交换意见或就具体业务进行洽谈的活动。从内容上来说，会谈较为正式，政治性或专业性较强。会谈双方第一主人和第一主宾的身份一般是对等的，所负责的事务和业务也是对口的。

4．签字仪式

国家间通过谈判，就政治、经济和文化等达成协议，如联合公报、贸易协定、经济技术协定、文化交流协定等，一般都要举行签字仪式予以确定。地方之间、单位之间大的合同项目、合作项目达成协议，也都要举行签字仪式。

（二）会议室的布置

1．会见厅的布置

会见厅的布置应根据参加会见的人数多少、规格的高低、客厅的形状和大小来确定布置形式。人数为十几人的会见，会见厅可用沙发或者扶手椅按马蹄形、凸字形摆放。一般马蹄形或者凸字形布置均用沙发，沙发后摆扶手椅供记录员、译员就座。规模较大的会见，可以布置成会议形，即用桌子和扶手椅布置成丁字形。会见时如需合影，应按会见的人数准备好照相机及配件，合影背景一般为屏风或挂图。

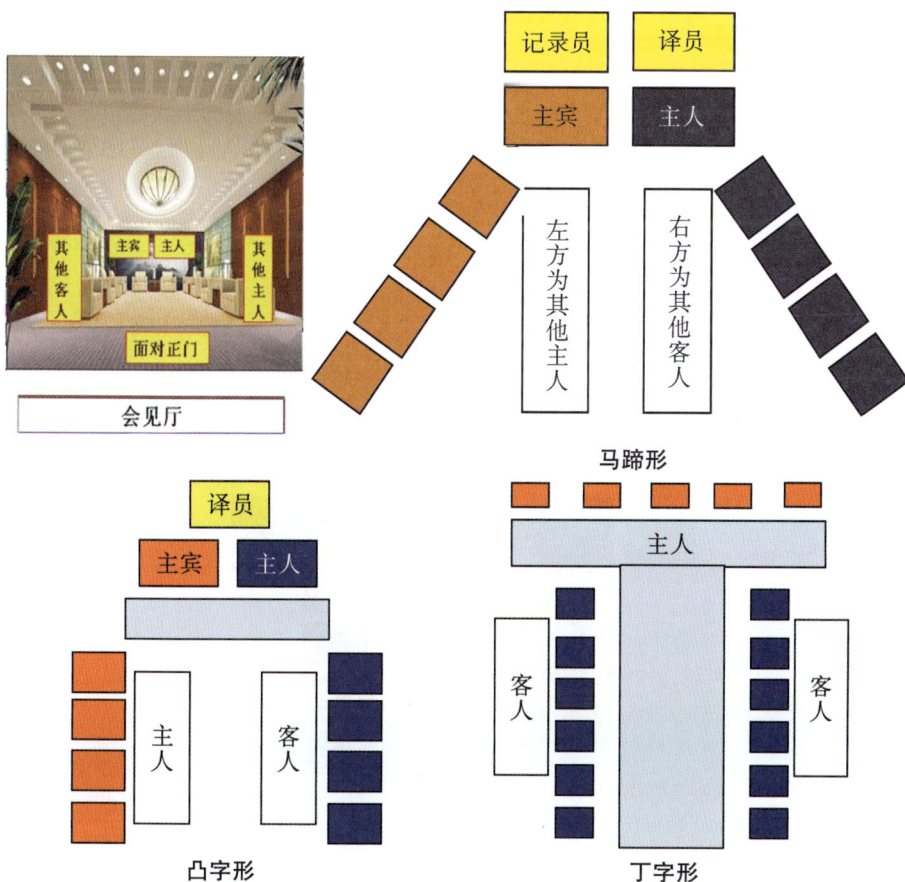

会见厅

马蹄形

凸字形

丁字形

会见时座位安排一般是主宾、主人席安排在面对正门位置，宾主双方分别而坐。根据我国的习惯做法，客人一般坐在主人的右边，其他客人按礼宾顺序在主宾一侧就座，主方陪见人在主人一侧按身份高低就座，译员、记录员坐在主人和主宾的后面。在某些特殊场合，宾主穿插而坐也是可以的。

2. 会谈厅的布置

（1）双边会谈的布置及座位安排：

双边会谈通常使用长方形桌子，常见的有横向摆放和纵向摆放两种。

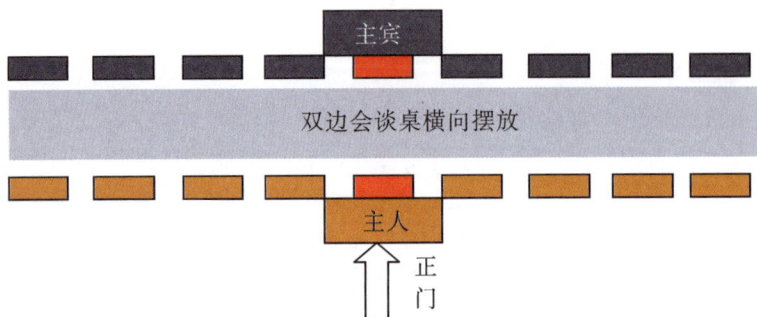

双边会谈桌横向摆放

宾主双方相对而坐，以正门为准，主人背门而坐，宾客面向正门。会谈双方的主谈人或领队居中，主谈人右边的第一个座位应由副手来坐，其他人员按礼宾顺序分别在宾主两侧依次而坐。我国习惯把译员安排在主谈人的右侧，有的国家则让译员坐在主谈人身后，一般应客随主便。记录员座位通常安排在后面，如参加会谈人数不多，也可安排在会谈桌就座。

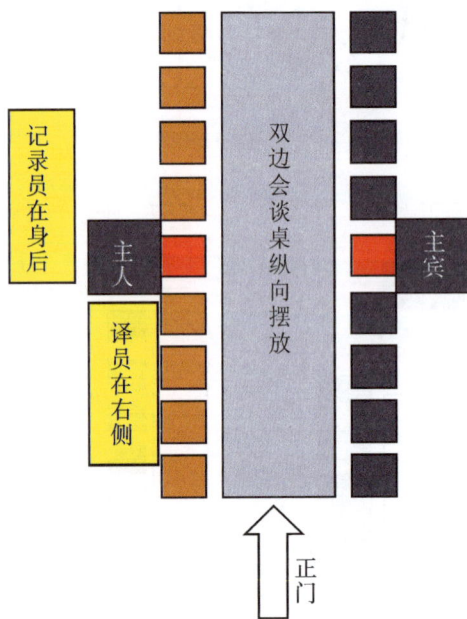

双边会谈桌纵向摆放

宾主双方仍相对而坐，以入门方向为准，右侧为宾客，左侧为主人。其他人员的座次与横向摆放的座位安排方法相同。

（2）多边会谈的布置及座位安排：

多边会谈多使用圆桌，或是将桌椅摆成一个圆圈；四方会谈，以方桌为宜。使用方桌、圆桌，可避免因座位安排上尊卑、主次把握不当而影响会谈效果。

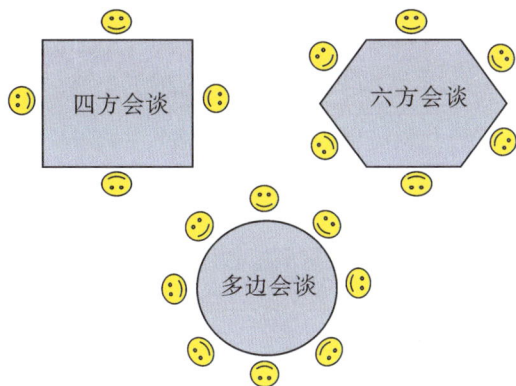

双边会谈桌纵向摆放多边会谈的布置

3 签字仪式厅的布置

签字仪式厅宜选择在宽敞高大、有气派的屏风式挂画厅进行。一般备有一张长条桌和两把高背扶手椅。布置要求为：在厅室正面和大型屏风挂画的前面，将长条桌呈一字形摆放；在桌面铺绿色台呢（也可不铺台呢，但签字桌椅要豪华，档次要高），台呢的下垂部分两端要均等，而里外两侧要求是外边长（距离地面约 10 厘米）、里边短（距地面约 40 厘米）；在签字台的后面，摆放两把高背扶手椅，两椅相距 1.5 米，在椅子背后 1.2 米处为参加仪式人员的站位。人数多需要分排站位时，摆放阶梯式照相脚架，照相脚架两侧各摆放一盆常青树；在两个座位前摆放待签文本，右上方放置文具。如果是国际间的活动，还应在两个座位中间的前方摆放可挂两面旗帜的旗架，悬挂签字双方的旗帜；签字厅两侧可布置少量的沙发，供休息使用。

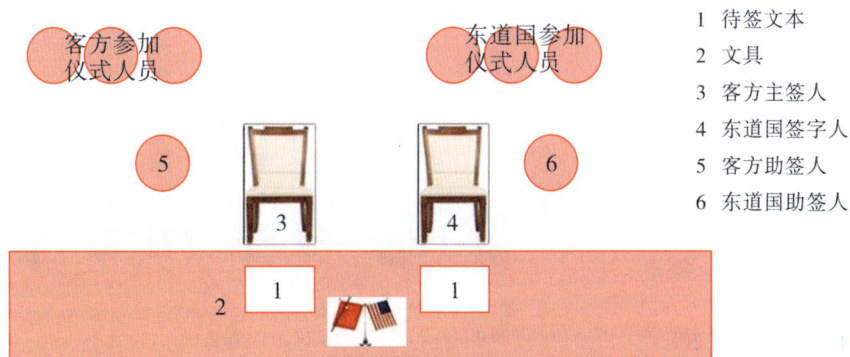

1 待签文本
2 文具
3 客方主签人
4 东道国签字人
5 客方助签人
6 东道国助签人

签字仪式厅的布置

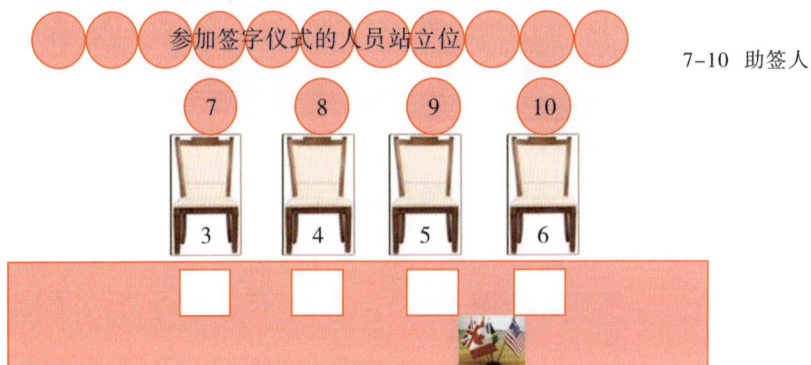

参加签字仪式的人员站立位

7-10 助签人

7 8 9 10

3 4 5 6

签字仪式厅的布置

4．其他会议室布置

饭店有时接待各种类型的会议，如学术报告会、贸易会、专题讨论会等。根据性质、内容、规格和人数的不同，会议室的布置形式也会不同。

（1）O字形、方形台与三角形台的布置。

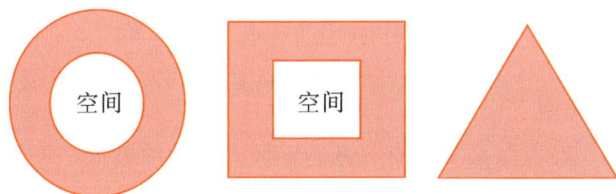

空间　空间

通常用于规格较高、与会者身份较高的国际会议。

一般人数不多，与会者围桌而坐，表现地位平等。

（2）U字形台或山字形台的布置。

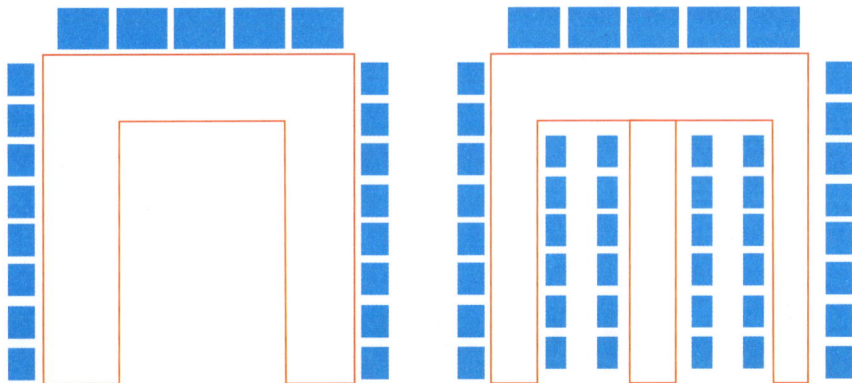

此种布置形式表明与会者的身份不完全相同，但差距不大。

会场气氛代表互相商讨的性质，主席台前有领导人就座。

（3）T字形台布置。

通常用于领导讲话性质的会议，主席台前就座的一般只有一人，最多不超过两人。

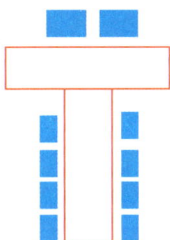

（4）授课形布置。

主席台

用于小型报告会或学术讲座，报告人或讲学者在主席台就座。台下不放长台，只整齐摆放靠背椅或扶手椅。

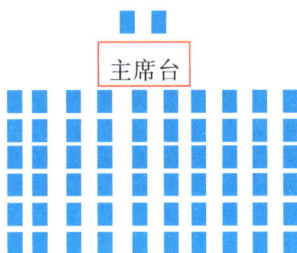

5．普通会议台面布置

（1）便笺摆放：

◆便笺摆放整齐、无破损，保证用量。

◆便笺摆放与客人座椅中心线对齐，间距一致。

◆会议桌面宽度超过55厘米时，便笺底部与桌沿距离为3厘米；会议桌面宽度没有超过55厘米时，便笺底部与桌沿距离为1厘米。

◆便笺文字的正面应朝向客人。

（2）铅笔或圆珠笔摆放：

◆将笔摆放在便笺右侧1厘米处，笔的尾端与便笺的尾端相齐平。

◆如有红、黑两种颜色的笔，则红色笔摆在里侧，黑色笔摆在外侧。

◆笔的摆放应整齐划一，笔尖朝上，笔上的字面朝向客人。

（3）杯垫摆放：

将杯垫摆放在便笺右上角3厘米处，杯垫正面朝上，花纹或店徽要摆正。

（4）杯具摆放：

◆摆放杯具前，服务员应先洗手，并将杯具消毒。

◆检查杯具有无破损和污迹。

◆将杯子摆放在杯垫中心部位，杯把向右与桌沿成70°角。

◆杯盖图案与杯子图案对正，图案朝向客人。

（5）名签摆放：

◆名签两个看面都应写上客人姓名，字迹清晰，书写规范，确保客人姓名准确无误。

◆名签摆放在便笺中心的正上方，间距相等，摆放端正。

（6）小毛巾摆放：

准备相应数量的小毛巾，将有图案或文字的一面朝向客人，小毛巾摆放在客人方便取用处。

（7）桌花摆放：

◆鲜花应无脱瓣、无虫、无不良气味。

◆根据台形确定花的摆放位置，桌花的花型视觉效果美观，高度以不遮挡客人视线为宜。

◆如果会议桌有凹槽，通常将花放在凹槽中。

（三）会议服务

客房服务员所承担的会议服务，是指客人在楼层的一些客厅或会议室举行某项活动或仪式时，酒店所提供的服务。

1. 会见服务

（1）准备工作：

①了解情况：

◆主、宾身份以及会见性质。

◆会见的准确时间。

◆参加会见的人数。

◆主办单位的要求，如服务要求、特殊交代等。

②制定计划：

一般应制订出书面计划，送有关方面和人员审批。主要内容有：

◆人员安排。

◆场地布置方案。

◆礼品清单。

◆其他相关事项。

③召集会议：

对于重要的会见活动，为了做到分工明确、责任到人，事先要召集有关部门和人员开会，进行具体的布置安排和协调。会后应分头落实，并由专人负责协调和检查。

④配备服务用品：

会见厅的服务用品主要包括茶杯、托盘、方巾、镊子、垫碟、烟灰缸、便笺、火柴、圆珠笔或铅笔等。除茶杯外，所有用品应于会见前半个小时在茶几或长桌上按规格摆放好。

⑤摆放招待用品：

会见的招待用品通常有香烟、茶水、冷饮、水果，水果和香烟需在会见前摆放好，茶水或冷饮在客人入座后再送上。根据会见规格不同，招待用品有所增减。

（2）会见的服务程序：

参加会见的主人一般在会见正式开始前半个小时左右到达现场。服务员将其引至休息室或会见厅，然后先用小茶杯为其上茶。当宾客到达时，主人将至门口迎接或合影，此时，服务员应迅速将会见厅内用过的小茶杯撤下。宾主入座后，一般以两名客房服务员为一组，分别按主宾、主人、陪客的次序给宾主上茶或冷饮和香巾，其中杯把一律朝向客人的右手侧；如果会见时间稍长，应每隔40分钟左右为客人换一次毛巾，续一次水。在会见过程中，要注意观察会见厅的动静，及时应承宾主的招呼；会见结束后，要对活动现场进行检查，迅速做好会见厅的卫生清洁工作。如发现宾客遗留物品，应立即与客人联系；若客人已离开，则交主办单位，同时办好转交手续。

2．会谈服务

（1）准备工作：

①服务员应事先掌握会谈的基本内容，主要包括：

◆会谈双方的身份、背景，以及服务要求和招待标准等。

◆会谈的时间、人数。

◆是否需要安装扩音器，是否需要放置座位名卡。

◆如有合影，应事先安排好合影位置。

②会场用品配备：

在每个座位前面的正中摆放一本便笺，紧靠便笺的右侧摆上一支红色签字笔和一只黑色签字笔。便笺的右上方放一个带垫盘的茶杯，垫盘上垫上方巾，以避免端放茶杯时发出声响。烟灰缸按两人合用一个摆放，位于两座之间。会谈桌上按主办方单位要求摆放座位卡，在卡的两面分别用宾主双方使用的文字写上该座位客人的姓名。便笺、座位卡、垫盘、铅笔和烟灰缸等摆放要整齐、匀称，有时为了增添会谈桌上摆设的美感，可在桌上的纵向中轴线上摆几组插有鲜花的花瓶或花盘，但花枝不宜过高，以不遮挡双方的视线为宜。会谈桌上有时用瓶装饮料替代茶杯；较高层次、级别的会谈，均不摆放烟灰缸。

（2）会谈的服务程序：

参加会谈的主人一般在会谈正式开始前半个小时左右到达现场。服务员应将其引至休息室或会谈厅，然后先用小茶杯为其上茶。当宾客到达时，主人将至门口迎接。此时，服务员应迅速将会见厅用过的小茶杯撤下。当宾客来到会谈桌前时，客房服务员应立即上前拉椅让座。在记者采访、摄影之后，客房服务员应按先宾后主的原则，为宾主倒茶、送小香巾。会谈过程中，适时为客人添水或送小香巾。有时应主办单位的要求，还可能需要上一些咖啡或小点心等。上咖啡时，应先将奶罐、糖罐等放在两个座位之间，然后再上咖啡。会谈结束后，客房服务员应做好告别时的服务工作。客人离开后，要迅速检查现场，收拾物品，清洁卫生，为下次活动做好准备。

3．签字仪式服务

（1）准备工作：

①了解情况：

服务人员要了解签字仪式的准确时间、参加人数、签字仪式上同时签字的人数、场地安排及布置要求、主办单位的要求、签字程序等。

②人员安排：

根据签字仪式规模的大小，做好服务人员的分工。如果是多方人员签字的仪式，应安排好充足的服务人员，责任落实到每个人。

③场地布置：

按主办方的要求，布置好签字仪式厅。

④签字仪式用品的配备：

签字仪式所用物品主要包括签字桌、台呢（深绿色）、签字笔、托盘、酒杯及酒；如果是国际活动，还需要旗架和微型旗帜。这些物品要由专人负责，并提前准备好。签字后，一般要用香槟酒或红酒来庆贺，因此准备的酒应是香槟酒或红酒。通常情况下，准备的酒杯数量应比参加签字仪式的人数略多一些。托盘的数量应以两个以上为宜，且托盘内要铺好打湿的垫布，以防酒杯滑倒。

（2）签字仪式的服务程序：

当签字双方来到大厅后，服务人员首先为签字人员拉椅让座。然后照应其他人员按顺序站好就位。签字仪式开始后，服务员手托摆有香槟杯的托盘（杯中酒约七分满），分别站在距签字桌两约2米远处。当签字人员签字完毕，站起握手，互相交换文本时，由两名服务员上前迅速将签字椅撤下；随后，托香槟的服务员立即将酒杯端至双方签字人员面前，从桌后站立者的中间处开始，向两边依次分让；在干杯后，应立即上前用托盘接收酒杯。

4．普通会议服务

（1）准备工作：

①会议开始前1个小时，服务员应在会场内做准备工作，如叠方巾、泡茶水。管理人员应注意检查会场和洗手间的卫生情况，确保会场消防通道畅通，消防器材完好，注意防火、防盗等安全事项。

②会议开始前半个小时，应再次检查横幅、立牌、绿化布置、空调等情况以及音控人员、洗手间清洁工是否到位。如有问题，须立即通知服务中心或有关部门，保证会议按时开始。

（2）迎客服务：

①会议即将开始之际，会场播放轻音乐，任何影响会议的工作（如吸尘等）都应立即停止。服务员站在会议室门外，面向客人到来的方向，保持微笑。若是重要会议，需有领班以上管理人员在场迎候。

②会议服务人员在与会人员入场前应站立在会议厅门口两侧，客人到来时，有礼貌地向客人点头致意，使用"早上（上午、下午、晚上）好"或"欢迎光临"等礼貌用语；同时对已入座的客人，及时递上茶水、湿巾，茶水七、八分满为宜。

③若与会人员桌上有会议用的设备、设施，如电脑、话筒等，应主动协助客人连接和调试，避免使用中出现问题而影响会议顺利进行。

（3）会中服务：

①客人陆续入座后，服务员应按礼宾顺序（先宾后主或先女士后男士）及时送上茶水。

②会议开始时，服务员应将会议室门关上；会议进行时，服务员应站在门口留意会议进程，观察随时可能产生的服务需求；注意与会人员的动态，发现客人吸烟应用托盘递送烟灰缸，礼貌地请客人熄灭香烟或提醒客人到场外吸烟区吸烟。

③会议期间，会议室内的电话机应撤离（客人特别要求保留的除外），以免影响会议进行，重要会议有可能要求服务员在会议室外待命，不可以随便出入。

④第一次续水间隔15分钟，以后续水每次间隔30分钟（可视情况提前或延迟），茶水温度应保持在85℃以上。

⑤会议休息时，需及时补充和更换各种用品，注意不要翻动桌面上的资料。

⑥会议结束前，服务员应快步走向会议室门口，打开大门，站在门内一侧，保持微笑，身体略微前倾，欢送客人"请慢走，欢迎下次再来"。

（4）善后工作：

①人员全部离场后，检查有无遗留物品，检查会场设备、物品的完好情况。

②将贵重设备、物品收好并妥善存放；撤茶杯、烟灰缸；清扫整理会议室。

③离开会议室时，全面检查电源开关及烟灰缸，并关闭门窗。

④严格做好保密工作，不询问、议论、外传会议内容，不带无关人员进入工作区域。

⑤会议结束后，需征询会务人员及与会人员对酒店的意见，将客人意见记录在会议客人历史档案中，以便更好地为客人提供针对性服务。

任务准备

一、组建团队

1. 组建学习小组

本课程大部分内容的学习采取小组学习的方式进行，请在规定时间（15分钟）内自行组建学习小组（每组人数视班级情况自定）。

学生分好组后，以小组为单位坐在一起。每组选出组长、副组长，定出组名，制定小组格言，并记录在下表中。

表17　学习小组表

组名			
小组格言			
组长		副组长	
组员姓名	联系电话	组员姓名	联系电话

二、教师下发任务书

表18　任务书

任务书
1．任务目标
完成广州友好城市伯明翰访问团的楼层接待。
2．任务要求
（1）分析广州友好城市伯明翰访问团的宾客类型。
（2）分析广州友好城市伯明翰访问团的服务需求。
（3）以小组为单位，设计楼层接待服务方案。每组的方案中需包含会议服务项目，一个关于客人投诉或建议的事例。
（4）模拟表演楼层接待过程，另一个组选派一名学生充当宾客，可以在表演过程中设置一个疑难问题，表演小组现场处理突发事件。
（5）每组至少提出一个建设性的意见。
3．活动规则
（1）各组自行做好计划书，明确分工。
（2）活动过程必须全体组员参与。
（3）要通过各种形式（照片、视频等）将活动过程记录下来。
（4）任务完成后，向全班同学汇报，并展示任务的完成过程。
（5）多种形式评价反馈。

任务实施

一、制定方案

（1）认真分析任务，并确定好任务实施方案。

表19　广州友好城市伯明翰访问团的楼层接待方案

内容	设计内容具体说明
宾客类型分析	
服务需求分析	
会议服务项目	
投诉或建议	

（续上表）

内容	设计内容具体说明	
设置的疑难问题	1 组	2 组
	3 组	4 组
	5 组	6 组
	7 组	8 组

（2）准备相关用品、设施、设备和表格等。

二、确定人员分工

任务实施过程中要明确分工任务，组长要调动组员充分表达不同意见，形成职责清晰的任务分工表。

表 20 任务分工表

组员姓名	任务分工

三、过程监督

请各组成员在任务实施过程中做好过程记录，组长负责监督，全组共同完成进度监督表。

表 21 进度监督表

工作阶段	时间	进度描述	检查情况记录	改善措施以及建议

四、各组成员记录任务实施过程中的困难及收获

困难：_____

小组成员想到的解决方法：_____

_____

本次活动的收获：_____

_____

五、成果展示

每个小组在任务实施过程中，可以用各种形式把本组的学习活动记录下来，并将以下成果展示出来：

（1）简述广州友好城市伯明翰访问团的楼层接待方案。

（2）表演广州友好城市伯明翰访问团的楼层接待过程。

评价反馈

表 22　个人评价表

学生姓名_____　　　　日期_____

评价内容		评价标准	评价方式	得分	评价权重
个人评价	是否服从安排	20	学生自评		30%
	团结协作	20			
	完成任务的情况	40			
	建设性意见	20			

表 23　小组评价表

评价组_____　　被评价组_____　　日期_____

评价内容				评价标准	评价方式	得分	评价权重
小组互评	1	2	方案的可操作性	20	小组互评		40%
	3	4	组员之间团结协作	20			
	5	6	方案完成的情况	30			
	7	8	宾客满意度	30	由充当宾客的学生填写		

表 24 教师评价表

被评价组_____ 被评价学生_____ 日期_____

			评价内容	评价标准	评价方式	得分	评价权重
组别	1	2	方案的可操作性	20	教师评价		30%
	3	4	组员之间团结协作	20			
	5	6	工作小结、工作页完成的情况	40			
	7	8	创新性	20			

表 25 学习评价表

评价内容	评价权重	得分
个人评价	30%	
小组评价	40%	
教师评价	30%	
合计		

参考文献

［1］廖建华. 前厅客房服务与管理. 大连：大连出版社，2012.

［2］宋俊华，曲秀丽. 客房服务与管理. 北京：中国铁道出版社，2009.

［3］沈东生，方姗姗，王晶亮. 前厅、客房服务与管理. 北京：对外经济贸易大学出版社，2012.

［4］朱小彤. 客房服务与管理. 广州：广东旅游出版社，2009.

［5］薛永刚，孙勇兴，秦瑞鹏. 星级酒店客房部职责、流程、制度、表格、文案. 深圳：深圳出版发行集团海天出版社，2013.

［6］杨杰. 现代酒店客房实务. 北京：对外经济贸易大学出版社，2012.

［7］姜倩. 客房服务. 北京：中国劳动社会保障出版社，2007.